信息化背景下 英语教学改革策略研究

张红艳 著

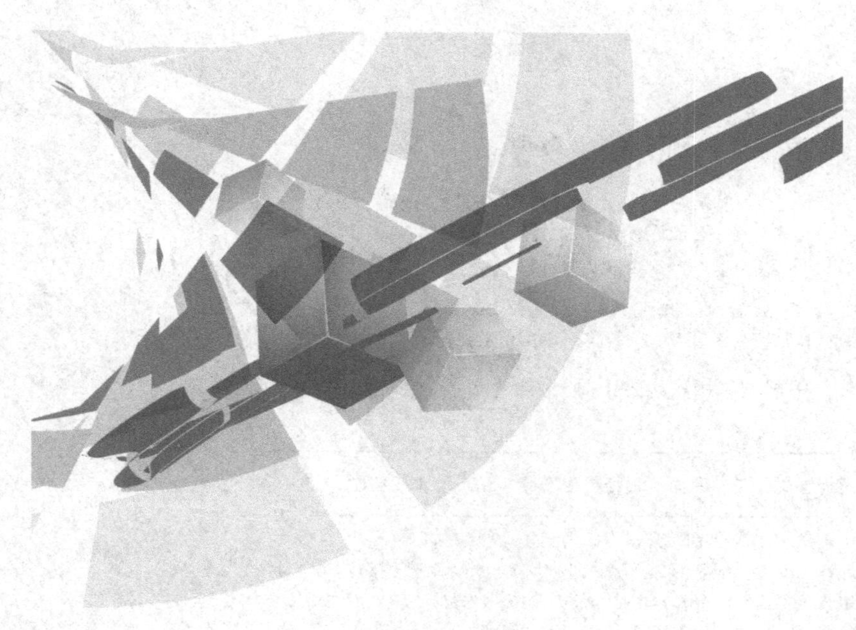

中国纺织出版社有限公司

内 容 提 要

信息技术的发展为大学英语教学开辟了新思路，提供了新方法，也提出了新要求。如何有效利用信息技术，推动大学英语教学的改革与创新，成为广大英语教师不得不严肃思考和深入研究的问题。本书分析了信息化时代与高校英语教学的关系以及信息化背景下大学英语教学的现状，接着阐述了信息化背景下的信息技术与英语课程整合，深入解析了信息化背景下高校英语主题单元教学资源创新设计及现代信息技术与英语教学模式，最后又对信息化大学英语教学中的学生自主学习与教师专业发展以及高校英语教学评价的理论建构进行探讨。全书结构合理、内容翔实，对信息化时代高校英语教学改革策略起着一定指导作用。

图书在版编目(CIP)数据

信息化背景下英语教学改革策略研究 / 张红艳著. — 北京：中国纺织出版社有限公司, 2023. 9
ISBN 978-7-5229-1136-6

Ⅰ. ①信… Ⅱ. ①张… Ⅲ. ①英语-计算机辅助教学-教学研究-高等学校 Ⅳ. ①H319. 3-39

中国国家版本馆 CIP 数据核字（2023）第196530号

责任编辑：王 慧　　责任校对：高 涵　　责任印制：储志伟

中国纺织出版社有限公司出版发行
地址：北京市朝阳区百子湾东里 A407 号楼　邮政编码：100124
销售电话：010—67004422　传真：010—87155801
http://www.c-textilep.com
中国纺织出版社天猫旗舰店
官方微博 http://weibo.com/2119887771
北京虎彩文化传播有限公司印刷　各地新华书店经销
2023 年 9 月第 1 版第 1 次印刷
开本：710×1000　1/16　印张：13.625
字数：180 千字　定价：98.00 元

凡购本书，如有缺页、倒页、脱页，由本社图书营销中心调换

前言

人类社会的发展与技术的进步息息相关，三次产业革命都促进了世界的巨大改变，促进了人类社会的进步与发展。自20世纪50年代以后，信息技术迅猛发展，信息社会来临，社会的生产方式发生了根本性变化。以计算机技术、网络技术、高密存储技术等为代表的信息技术被广泛应用于社会的各个方面，同时也对教育产生了深刻影响。人类社会也进入了以知识作为生产要素的知识经济时代，“信息化”成为时代特征。

英语作为世界上使用最为广泛的语言，是国际交流的重要工具，也是高校人才培养领域的重要学科。社会发展对大学生英语应用能力的要求逐渐趋向于多元化、专业化，大学英语教学的改革必须顺应时势，以适应社会发展的需求。在当前的教育信息化背景下，大学教师在组织英语教学时，应根据人才培养需求，对英语教学进行改革与创新，全面提升大学生的英语综合素养。随着中国大学英语教学改革的不断深入，大学英语课程体系和教学模式呈现新的特点和趋势，信息技术对传统教育的影响逐步加深。

本书共分为七章，第一章为信息化时代与高校英语教学的关系；第二章为信息化背景下大学英语教学的现状；第三章为信息化背景下的信息技术与英语课程整合；第四章为信息化背景下高校英语主题单元教学资源创新设计；第五章为信息化背景下的现代信息技术与英语教学模式；第六章为信息化大学英语教学中的学生自主学习与教师专业发展；第七章为信息化背景下高校英语教学评价的理论建构。

本书在撰写过程中得到了众多学者的支持和鼓励，同时参考和借鉴了有关专家、教研人员的研究成果，在此对其表示诚挚的感谢！由于时间紧促，加之作者水平有限，书中关于信息化英语教学的探讨难免存在疏漏和不足之处，诚望广大读者给予批评指正。

张红艳

2023年4月

目录

第一章

信息化时代与高校英语教学的关系

第一节　信息化时代对高校英语教学的深刻影响

现在，信息技术已经进入飞速发展时期，渗透到人们生活中的各个方面，逐渐成为个体间进行交流、学习以及理解世界的一种基本方式。信息技术发展过程中的每一次飞跃都是人类文明史上的进步，对推动社会的发展产生着重要的意义，并在教育领域发挥着巨大作用。基于信息技术的教育，不仅使教育途径和模式发生了重大变化，教育效率和质量也有了显著提高。

一、信息技术的内涵

当今社会已进入信息化高速发展的社会，信息和知识已成为推动社会发展的两大动力，现代信息技术已经渗透至人们生活的方方面面。就信息技术的概念而言，目前人们多从广义和狭义两个方面来理解和解释。

从广义上说，信息技术指的是对信息加以处理与管理的各种技术的综合，包含通信技术、感测技术、控制技术、计算机技术、智能技术等。

从狭义上说，信息技术指的是能够展现信息技术特点的一些技术。具体来说，主要可以从如下四个层面理解。

第一，信息技术可以被定义为信息与通信技术，其主要是运用计算机对信息系统与应用软件进行开发与设计，包含计算机技术、传感技术等。

第二，信息技术可以被定义为3C技术，即计算机技术、控制技术、通信技术三者的集合。

第三，信息技术又可以称为C&C技术，指的是运用计算机技术获取、传递、分配、处理信息的技术。

第四，信息技术指的是应用管理技术，并在科学、技术等层面对信息加以控制与处理，实现人机互动。

通过对上述信息进行分析不难发现，信息技术的核心在于计算机技术，并且在其他技术的共同作用之下，实现信息的获取与传递、转换与交流、检索与存储等。

二、信息技术的特征

近些年，随着网络技术的不断发展，以计算机作为核心的通信技术，逐渐在社会生活的各个领域应用。这一技术之所以不断发展并趋向成熟，是因为信息社会在不断深化，也与行业间的融合相符。现代通信技术容量大，采用数字化模式，并且与网络技术、计算机技术融合。

进入21世纪，通信技术必然向宽带化、智能化方向转化。整体来说，信息技术的本质特征主要表现为如下几个层面。

（一）智慧的结晶体

信息技术基于大量的知识背景，通过高新技术研究，将知识与智力加以呈现。信息技术的物化状态就是信息产品，很多的高精尖人才对信息产品进行研发，在研发的过程中，这些人处于合作或竞争的关系。通过努力，这些人的研究成果逐渐深化，信息技术也不断向前推进，新的技术也在不断涌现，并且周期在逐步缩短。

当前，科技领域的各个层面都与信息技术有着密切的关系，如航空航天、生命科学、自动化技术等。其他科学研究也需要借助信息技术来推动自己的进步。也就是说，信息技术在整个社会的覆盖面越来越大。

可见，信息技术已经成为当前科技发展的核心部分，其不仅是先进生产力的代表，还从一定程度上对劳动生产率起着决定性作用。除了高精尖人员对信息技术进行研发外，其他领域的研究也为信息技术的发展提供了方式与路径。

（二）短周期效应

一般情况下，信息技术的周期效应是非常短暂的。具体来说，信息技术的发展水平越高，更新的周期越短。在信息产品开发的初期，科技人员通过信息技术与网络，对自己需要的信息进行获取，在融入创造力的同时，加快产品开发的速度。在信息产品批量生产的阶段，信息技术同样为人们提供了信息化的手段，使产品形成的时间逐渐缩短。

相对来说，之前的信息产品具有较长的生命周期，因此其使用的年份也比较长，有些甚至可以使用十几年或者几十年。但是现如今，由于信息产品的生命周期缩短，很多产品可能只能使用几年，甚至几个月。显然，信息技术更新换代的周期在不断发生改变，也是因为市场上产品的竞争力在不断提升。

（三）高投入

随着信息技术的不断发展，通信技术、计算机技术的结合为社会带来了一种新的革命。信息技术的主要内容在于信息的采集与处理、传递与复制、维护与存储等，是集合了通信技术、计算机技术等为一体的技术。对于这一技术的研发，每一个环节都不能马虎，都需要较高的投入。

(四)高风险

正是因为信息技术的高投入,导致信息技术也具有高风险,这可以从如下三点体现出来。

第一,信息技术的研究具有明显的不确定性。例如,某企业为了建立自身的信息管理系统,需要投入大量的资金,同时还需要考虑企业的岗位情况,这样才能制作出与公司相契合的管理软件。但是,企业本身具有动态性特征,这就导致信息数据是非常不稳定的,这些不利因素会给信息系统造成崩溃和损害。

第二,信息技术从设计、开发到研发成功的概率一般都比较低。从综合层面来说,信息技术领域新产品研发的概率只有3%。换句话说,如果研发不成功,那么就意味着之前的投入完全浪费掉。

第三,信息产品还会受到市场变化的制约和影响。

三、信息技术对高校英语教学的具体影响

(一)与传统课堂的碰撞与对接

1. 与传统课堂的碰撞

信息技术教育背景下的高校英语课堂与传统课堂的碰撞主要体现在教育理念上,因为当前的教育仍旧难以摆脱"应试教育"的枷锁,并且信息技术教育背景下的高校英语教学要求革除传统教育理念、教学方法上的弊端。下面就对这两点做具体论述。

(1)难以摆脱"应试教育"的枷锁

众所周知,在信息技术教育背景下,传统的教学模式已经与当今的课堂不相适应,但是面对毕业、就业压力,当前的高校英语教学仍旧未脱离"应试教育"的枷锁。当前的高校英语教学要求学生要学会自主探究、自主预习、自主总结,同时培养自身学习的习惯与思维,要

在教师的指导下体验概念与规律的探究过程，并在学习中培养求知精神。但现实是，在高校英语课堂教学中，很多教师主要侧重于讲授，对学生进行满堂灌式的教学，未能顾及每一位学生的接受与感受情况，使学生的主体地位丧失。也就是说，当前的高校英语课堂教学中，教师的教学思想还未根本改变。

很多家长对于学生的考试成绩过分看重，却忽视了学生整体素质的提升；教师也未考虑学生的全面发展与终身发展，一味地追求成绩，导致课堂教学主要以知识传授为主，教学过于机械化，搞题海战术，这就很容易让学生丧失探究能力与解决问题的能力。

因此，如果不对传统教学观念与方式进行改变，包含信息技术教育背景下的高校英语教学在内的任何教学形式都很难进行到底，教学大纲的要求也就很难实现。

(2)信息技术要求革除传统教学理念、教学方法上的弊端

由于应试教育理念的存在，很多高校英语教师在教学理念与方法上存在着某些问题，这对于他们自身的专业发展是非常不利的，也会影响学生的全面发展。具体来说，这些问题和弊端表现如下。

首先，教师将教学视作教学目的实现的一种方式和手段。教学是传输知识的过程，而教师只关心对教学手段的研究，而并未探究教学的目的何在。

其次，教师认为教学是教师教与学生学的拼接，教师将书本的知识教授给学生，学生被动地接受，这如同将知识灌输给学生一般，学生只是接受知识的容器。

最后，教师在教学中忽视了学生主观能动性的发挥，缺乏与学生的互动，也没有让学生与学生之间进行充分互动。

基于此，传统的教学模式阻碍了学生人格的全面发展，使得学生成为应试的机器，这样的教学与教学目的相背离。

信息技术教育背景下的高校英语教学要求教师对教育观念进行改变，他们是否愿意改变，是必须要解决的首要问题。这种教学模式

还需要教师具备一定的信息素养，这样才能做得更好。可见，信息技术教育背景下的高校英语教学要求教师具备较高的素质与能力，要不断在知识的海洋中充实自我，要不断发挥自身的气场对课堂的节奏与进度加以控制，要有宽广的视野来引导学生探索更大的世界。

2. 与传统课堂的对接

虽然传统课堂教学有着明显的弊端，信息技术教育背景下的高校英语教学的优势也凸显出来，但并不是说要完全舍弃传统课堂，而是要求二者的完美对接。具体而言，主要从如下几点着眼。

(1)学校作息时间安排问题

信息技术教育背景下的高校英语教学需要学生花费很多的课后时间展开自主学习，要求教师在教学时间上进行合理安排。在信息技术教育背景下的高校英语教学中，教师不应该占用学生过多课余时间，应该让他们能够有时间开展自主学习。学生在课后的主要任务就是观看教学视频，进行针对性练习。

(2)学科适用性问题

目前，国外很多的信息技术与高校英语教学结合的实践都是针对理科来说的，理科具有明确的知识点、概念等，教师只需要讲好一个公式、一个例题就可以，因此容易实施这一模式。但是，对于文科来说，其讲授的内容比较广泛，需要师生之间展开思想、情感上的交流与沟通，因此对文科类教师提出了一个大的挑战。

这就要求，教师要不断提升教学视频的质量，通过教学视频，将所要讲述的知识点进行概括，将相关的理论加以阐述，让学生在课后查阅相关的资料，并进行主动思考，然后在课堂上与教师或其他学生进行讨论，直至深化对该问题的理解。

因此，对于不同的学科，教师需要采用具体的策略来实践信息技术与高校英语教学的完美结合，并从学生的反馈情况入手，对相应的教学情况加以改革。

(3)教学过程中信息技术的支持

信息技术教育背景下的高校英语教学的实施必然需要信息技术的支持,教师对教学视频的制作、学生的观看等,都需要信息技术的参与。但是当前,网络宽带、速度等问题对我国各大高校开展在线教学有一定的限制,因此在实施信息技术教育背景下的高校英语教学时,学校需要对这一问题加以解决。

同样,在教学视频制作的质量上,教师需要进行拍摄、剪辑等,因此需要一些专业人士的辅助,当然不同的学科有不同的风格,教师需要根据自身学科的特点来定。

(4)对教师专业能力的挑战

在信息技术教育背景下的高校英语教学的实施过程中,教学视频的质量、与学生展开互动指导、课前学习任务设计等都需要教师完成,因此要加强对教师的培训。在提升他们专业理论水平的基础上,不断提升他们的科研能力,对学生的个体差异进行关注,并给予个性化指导。同时,教师的技术素质也需要进行培训,便于他们制作出生动活泼、丰富的视频资源。

(二)应用型人才培养的呼唤

近年来,国家号召地方高校应该向应用型高校转型,目的是培养出一大批的应用型人才,与应用型人才培养理念相适应,努力实现自己在社会发展中的价值与使命。在培养应用型人才的一系列改革之中,任何一所高校如果不进行变革,那么就很难接近教育改革的核心,很难真正实现优质的教育。也就是说,改革必须要先行。

培养什么样的人才,如何培养人才是当前高等教育思考的问题。实现人才培养与社会的对接,培养出高素质的应用型人才,是当前很多高校的必然选择。这一方案的提出是我国高等教育面对社会转型、面对产业升级、面对市场方式转变、面对严峻的就业形势,不得不做出的选择,其不仅有助于社会的转型与发展,还有助于实现人才的多样化发展。

1. 应用型人才的培养目标定位

对于应用型人才，一般可以认为有三个关键特征。

第一，具有人才的特征，即他们的素质较高、能力较强，具备一定的专门知识和技能，能够进行创造性的活动，为社会做出一定的贡献。

第二，具有应用型的特征，这一特征与学术型人才、技能型人才相对应，应用型人才主要面向的是基层，不仅具有扎实的基础与素养，还具有应用型思维，具有较强的动手能力，善于运用自身掌握的知识，将理论知识付诸实践。

第三，具有创新性特征，这一特征要求人才在富有变化的时代中紧随时代的步伐，必须开阔自己的视野，具有逆向思维与发散性思维，能够将自己的想法付诸实践。

基于此，在应用型人才培养目标的定位上，知识结构以“厚基础、宽口径、重应用、强创新”作为培养人才的基本原则，强调学习的目的就是在于会应用，突出新技术、新理论等在行业中的灵活运用。能力结构侧重指挥、组织等应用能力的训练与培养，凸显创新精神与创新意识等。人格结构强调要具有强烈的探究欲望，具备高度的团队合作意识等。

为了更好地培养应用型人才，教师不仅要对当前社会经济发展的需求有清晰的认识，还要对未来的发展走向予以明确，为学生拓展就业之路、创业之路，为他们未来的职业规划考虑。

面对当前国家经济转型与接轨的需求和特征，教师以能力本位的学习作为着眼点，积极探索培养全新的应用型人才，对学习方式、学习内容等进行改良，努力将学生的学习兴趣激发出来，帮助学生掌握扎实的理论知识，使他们具备较高的应用能力与专业素养，能够采用科学的思维方式进行学习与管理，让他们在开放的环境下有自己的坚守，不盲从，能够抒发自己的创新精神，在竞争中求得生存与发展。

面对未来的不确定性，教师们也在不断地进行思考。随着信息技术的发展，如何为学生规划更好的未来呢？当前，人与人之间的竞争越来越激烈，一些岗位可能会消失，那么什么样的人不会被社会淘汰呢？教师在高校阶段需要教授给学生什么呢？这些问题都是教师需要思考的问题，教师应该研究他们的适应能力以及他们的核心素养，不断培养他们分析问题的能力，让他们在浩瀚的知识海洋中学会学习、主动学习，学会终身学习，教师要教会他们面对复杂的环境应该做何选择，应该如何把握时机，从而使自己更好地融入社会，超越自己。

2. 应用型人才培养对课堂教学的要求

为了能够培养出高素质的应用型人才，为了能够让学生将知识转化成现实生产力，有些教师对课程体系进行了一系列的调整，支持学生对自己的专业进行自由的选择，鼓励学生进行创新活动。课堂作为学生学会知识的主要渠道，是体现学校办学理念、实现人才培养目标的主要阵地，是不断创新与改革的据点，理应向应用型人才的培养方向转变，快速做出反应。具体来说，需要从如下三个层面着眼。

从教学内容上说，不过多地追求逻辑是否严密、定义是否准确，不侧重对知识的发现与整理、理论的争鸣与演变，不局限在教室与教材上，而是要与学生的生活和专业贴近，抓住该领域知识的前沿，对成熟理论要点有清楚地认识与应用。

从教学方法与手段上说，要求实行生成性的教学观，让学生运用感官与实践，对自己学习中的问题进行有效的解决，推动学生从自身的经验背景出发来理解与认识知识。注重课堂教学方式要多样化，具有灵活性，采用模拟教学法、案例教学法等方法，创设教学情境，引导学生对专业知识进行灵活的应用，利用理论与技术对问题进行解析，培养学生的实践应用能力。采用探索性教学、启发性教学等方法，引导学生进行探索，培养学生的创新性思维。综合运用现代技术与手段，满足学生个体的需要，促进学生多元能力的发展。

从时空维度上说，教师要不断拓展课堂教学的时空，拓展学生学习与训练的时空，让学生跟随专业的最新动态，获得更多更真实地参与操练的机会，帮助学生实现自主学习、研究学习。

（三）对高校英语课程相关要素的影响

1. 对高校英语教师的影响

在信息时代，信息技术的广泛应用对高校英语教师有巨大的影响，具体表现：

①信息技术对高校英语教师的最大影响在于学生获取知识的途径更加多样化了，高校英语教师不再是学生教学信息的唯一来源。

②新时期，新的媒体和技术的应用对教学观念、方式和手段带来了极大的冲击，对高校英语教师的教学过程影响显著。

③信息技术在高校英语教学中的应用对教师素质能力的提升有重要作用。将现代信息技术融入课堂之中，可以优化教学方法、提高教学效率。但是，由于学生选择学习的时间、内容等具有了灵活性和自由度，很可能会导致学习的失控。就传播学的角度来说，高校英语教师不仅是教育信息的传播者，更是把关人，因此应该考虑实际情况，对信息要有针对性地选择，科学调配教学过程。

2. 对高校生自身学习的影响

信息技术的教学应用对高校生的影响分析如下：

①高校生是现代教育技术发展的最大受益者。现代教育技术提供的个别化、网络化的学习方式，可以使高校生根据自己的特点和水平选择合适的学习进度，在轻松的环境中学习，实现真正的“教育平等”。

②信息技术的应用改变了高校生获取信息的途径，改变了高校生的基本听、说、读、写的方式，学习者具备了更加自由化、多样化的表达方式。

③信息社会，任何一名学习者都必须具备一定的信息素养，具备

独立的终身学习能力。现代教育技术不仅对教师的教学能力有了较高要求，对高校生的自主学习能力也有了较高的要求，要求高校生具有信息社会要求的观念、意识和现代教育技术能力。

3. 对高校英语课程资源的影响

信息技术的发展与应用推动了优秀学习资源的共享，学校、公益组织、个人都参与到教学资源共享的过程中来。当前，通过信息化技术的共享高校英语教学课程资源主要有以下几类。

(1)CORE

CORE 是指中国开放式教育资源，是中国优质教育资源的世界推广。CORE 充分借鉴与吸收了美国麻省理工学院、耶鲁高校、牛津高校、剑桥高校等世界一流高校的优秀开放式课件、先进教学技术、教学手段，通过教育创新，不断提高我国的教育质量，并将我国学校的优质教育资源向全世界推广，实现优质教学资源的积极交流与共享。

(2)OOPS

OOPS 即开放式课程计划，是将国外一流高校的开放课程翻译并制作成中文课程，面向我国的师生授课，使我国师生能更好地享受到优质的教学课程。

(3)OCW

OCW 是 Open Course Ware 的简写，是世界优秀学校教育资源的全球共享，这些学校将本学校所开设的全部课程的教学资料与课件在网上公布，以便于全世界范围内有需要的人下载参考学习。

(4)网易公开课

网易公开课是通过视频免费分享国内外著名学校的公开课程，如 OCW 翻译成为中文的课程。

现代教学媒体和信息技术在高校英语课堂教学中的应用越来越普遍，这些媒体和技术的使用对教育过程、教学过程、教学方法和手段均产生了深刻影响。课程资源的共享是新时期信息化教学带来的一个最显著的教育教学改变。

为了推广和普及信息化教学，我国开通了“校校通工程”，使全国90%左右的独立建制的学校能够上网，共享网上教育资源，在提高学科教学质量的同时，也为教师的再教育提供了条件。

此外，信息发展对教学的影响不仅局限于上述几个方面，信息发展推动了教育现代化发展，推动了教育教学的改革，现代化的教育教学是以培养创造型人才为目标的新型的现代教育体系。信息的发展通过信息技术影响教学，不仅体现在教学物质基础、教师与学生“教”与“学”的影响方面，还间接促进了教育思想现代化、教育内容现代化、教育管理现代化。

在网络信息时代，个人、教育机构、学校与外界进行不同层次的信息沟通、信息获取、信息利用、信息共享，实现信息技术与教学的有效整合，促进了教学的发展，也促进了教师与学生的发展。

第二节　信息化背景下高校英语教学的意义与目标

从当前高校课堂教学的种种现象考虑，社会各界呼吁高校课堂应该追求质量。但是如何真正地提升教学质量，还需要将高校英语教学与信息技术相融合，从而使课堂教学更有趣味性。

一、信息技术教育背景下高校英语教学的意义

（一）变更教育理念

信息技术教育背景下的高校英语教学的教育理念由“以教为中心”转变为“以学为中心”。在信息技术教育背景下的高校英语教学中，慕课、微课、翻转课堂等教学模式的运用做到了以学生为中心，这就比传统英语课堂要好很多。因为在传统英语课堂中，教师是教学的中心，教学就是教师站在课堂之上，为学生们讲授课程，即便教师

将课程讲得非常精彩，有些学生也很难融入其中。不过，信息技术教育背景下的高校英语教学改变了这一点，学生占据了学习的主导地位，课堂变成了以学生为中心的课堂，这样的学习会让学生觉得自由、快乐，愿意学，乐意学。

（二）革新教学流程

在信息技术教育背景下，高校英语教学的流程与传统高校英语教学明显是不同的。信息技术教育背景下的高校英语教学将知识的传授转移到课堂之前，将知识内化的过程置于课堂之上。在课堂开始之前，学生通过观看视频来学习新的知识，这样他们就可以将传统教学中教师讲授的时间空出来，让学生有充足的时间完成作业，并实现师生之间、生生之间的互动。这样做主要有如下两个优点。

首先，学生通过观看视频，能够使自己的学习更加主动，能够逐渐对自己的学习负责，这种方式可以解决传统课堂优等生“吃不饱”、中等生“吃不好”、差等生“吃不了”等问题，从而真正地实现因材施教。

其次，保证了学习目标具有可操作性，这有助于学生对知识进行创造。根据布鲁姆将学习目标划分为理解、记忆、分析、应用等部分，可以对信息技术教育背景下的高校英语教学与传统高校英语教学进行对比，具体来说就是信息技术教育背景下的高校英语教学将难度最小但是需要更多选择权的环节放在课前来学习，如理解环节与记忆环节，学生可以根据自己的能力和节奏对学习进行掌控，并且将那些难度较大、需要教师和其他同学帮助的环节放在课堂上完成，如分析环节、应用环节等，这样才能真正做到各得其所。

（三）转变师生角色

在信息技术教育背景下的高校英语教学中，最大的障碍是教师角色的转变。很多研究者认为，信息技术教育背景下的高校英语教学通过“传递信息”和“吸收内化”过程的转变，教师由知识的传授者转变为学生学习的指导者、服务者;学生由被动的接受者转变为主动的研究者。

(四)转换育人的本质与目标

无论是教学流程的再造,还是教育观念的转变,无论是师生角色的转换,还是学习活动与学习环境的匹配,改变的都是课堂教学形式和教学手段,但信息技术教育背景下的高校英语教学的核心是适应信息化背景下学校教育变革的需要,改变旧的育人目标并相应地改变教学的环境和形式。

(五)匹配学习的活动与环境

按照学习过程是否需要交流协作或独立思考,可以将学习分为独学和群学。独学以独立思考为特征,如知识传授;群学以协作交流为特征,如知识内化。学习环境也有两类:私环境和公环境。私环境如家里,安静,干扰少,适用于独立思考,适用于独学;公环境如课室,公共场所,适用交流分享、协作探究,适用于群学。

信息技术教育背景下的高校英语教学将"在课堂学习知识,在家完成作业"的方式转变为"在家观看视频学习知识,在课堂讨论学习",实现了学习方式与学习环境的完美匹配,即适宜群学的学习内容和与适宜群学的环境相互匹配;适宜独学的学习内容与适宜独学的学习环境达到高度的统一。信息技术教育背景下的高校英语教学的最大潜力和最大特色可以认为是实现学习活动与学习环境的完美结合与匹配。

二、信息技术教育背景下高校英语教学的目标

(一)激发学生的问题意识

人从出生就具有了求知欲和好奇心,这是人能够自由、理性的基

础，表现在学习态度与兴趣上，就是人能够积极地去探索与解决问题，不断创新、不断超越。学生学会学习的一条最佳路径就是逐渐学会启发式的学习，即教师引导学生发现问题，并让学生找到合适的方式解决问题，师生之间围绕问题展开自主学习与探究学习，使学习活动向思维活动转变，这样才能让学生具备多元思维。

在信息技术教育背景下的高校英语教学中，要强调问题引领的作用，即教师要以问题作为起点，以问题解决作为主要的活动过程，从而将学生对问题的敏感性激发出来。同时，还要求教师主要探讨那些与现实联系紧密的问题，对这一领域的学术前沿问题进行跟踪和了解，将学生潜在的能力挖掘出来，培养学生的研究精神与素质，形成面对困难的积极潜质与解决问题的能力，并塑造自己的人格与工作特质。此外，还要求教师为学生创设自由的学习氛围，师生之间围绕提出的问题，通过交流与对话形式解决问题，并进行分析与评价，帮助学生形成问题意识与问题解决能力，培养他们判断真假、独立思考的能力等。

（二）转变学生学习的方式

学习方式是学生在展开学习任务时自主、探究的基本认知取向与行为特征，其主要包含发现学习、接受学习、合作学习等。在新时代背景下，高校选择的教学方法一般是多种多样的，具有针对性与灵活性，这样也就推动了学生学习方式的转变，要求教学应该从学生的学习能力出发，符合学生的学习要求，这样才能培养出符合社会发展需要的应用型人才。具体来说，主要可以从如下四点考虑。

第一，倡导自主探究式学习，让学生自定节奏。具体来说就是学生在学习中要发挥自身的主观能动性，引导学生大胆接受挑战，挑战传统的识记性学习方式，让学生真正地学会学习，成为学习活动的主人，推动他们灵活地转换学习方式，在创造与研究中学习。

第二，推动学生进行团队合作式学习。单打独斗的学习显然效果差，学生只有学会与其他同学合作、与教师合作，才能真正地弄懂知识，掌握技能。

第三，实施应用情境式教学。即关注学生在特定情境中的认知体验，通过新兴技术，为学生创设真实的场景，让学生主动参与其中，增强他们的认知能力。

第四，关注学生的在线学习与移动学习。由于网络技术的发展，学生的学习资源越来越丰富，这就给学生提供了学习的便利，学生可以打破时空的限制，获得教师或者其他同学甚至一些专家、学者的帮助，从而在课外不断提升自身的语言能力。

（三）促进学生的深度学习

所谓深度学习，即学生在理解的基础上能够批判性地学习新知识，并将这些知识融入他们原有的知识结构中，构建这些新旧知识的联系，并且能够将已有的知识迁移到新的情境中，从而独立地对问题进行解决。采用深度学习策略的学生要更善于整合知识、迁移知识，这样才能取得好的成绩。

当前，高校应该努力为学生创设深度学习情境下的课堂环境，让课堂不仅成为学生深度加工知识的重要场所，还要把原来教师单向传授的教学过程转变为师生互动的过程，创设真实的、批判性的课堂环境。还需要围绕问题的解决探究深度学习的情境机制，让学生逐渐实现知识的吸收与内化，从而有效培养他们的理性思维与创新思维。

（四）强调学生学习的责任

当前，要想培养出具备应用型能力的人才，要求学生在具体的实践中发挥自身的主体作用。也就是说，学生能够主动为自己的学习行为承担责任，让学生逐渐成为自己学习的主人，成为教学活动中主动的、自觉的参与者，也成为知识的主动发现者与探索者，也推动着教学从“教”逐渐转向“学”，让课堂不再只强调以教师的教授为主，还强调以学生的学习为主，实现师生之间的协同教与学。

在信息技术教育背景下的高校英语教学中，不仅要将学生的积极性与主动性激发出来，还需要引导学生将精力、时间等投入学习之中，帮助学生减少学习的盲目性与随意性，逐渐建构自主式、探究式的学习。同时，还要给予学生应有的权利，赋予他们自主学习的权利，自主选择学习内容与策略，让他们不断发挥自己的主观能动性，发挥自己的学习优势。

（五）培养学生的核心素养

人应该必备的能力与品质就在于核心素养。核心素养的提出主要包含如下几个层面。

第一，未来个人发展与社会生活需要的能力与品格是无法预料到的，个人在受教育阶段唯一能够选择的就是发展自己的必备品格与关键能力。

第二，知识以几何级数增长，能力以几何级数进行分化，学校教育无法对知识和能力进行穷尽。

第三，社会生活纷繁复杂，价值取向也是多元化的，学校教育无法面对社会上所有的问题。

第四，学校教育应该专注于对学生必备品格与关键能力的培养。

“核心素养”一词源自西方，英文是Key Competencies。Key在英语中的意思是“关键的、必不可少的”。Competencies的意思是“能力”，但是从其范畴与内容来说，可以翻译为“素养”，因此“核心素养”也就是所谓的“关键素养”。

进入21世纪，欧盟国家为了应对经济全球化，在教育领域提出了“核心素养”这一概念，目的是培养学生的创新能力，这一概念的提出是为了对传统的阅读、计算等为核心的概念进行改变，从而提升学生的综合应用能力。

2014年3月，教育部发布了《关于全面深化课程改革，落实立德树人根本任务的意见》，要求英语教学应该将社会主义核心价值观的内容引入教材与课堂，努力使学生了解中华文化，明确提出了“核心素养”的概念。在语言教学中，核心素养主要包含如下几点内容。

1. 语言能力

语言能力是指基于社会情境，通过语言来进行理解与表达的能力。从英语技能教学来说，语言能力是学生应该具备的基本能力，也是学生核心素养的体现。从语言学科来说，听、说、读、写、译这五项能力是最基本的语言能力，对这些能力的掌握有助于更好地学好语言。同时，新时代条件下学生需要面临各种数据、图表等，因此他们还需要掌握好“看”的技能，这样才能对第一手资料有清楚的把握。

2. 文化品格

文化品格不仅指了解一种情感态度、文化现象，还指了解语篇反映的社会文化现象，通过进行归纳来构建自己的文化立场与文化态度。

语言教学的核心素养更加注重从多元文化层面来思考，通过比较，了解中西方文化的差异，这样学生才能更加自信与自强，从而对西方文化予以理解，并将中华文化更好地传播出去。

3. 思维品质

思维品质与一般的语言能力、思维能力并不同，指的是与英语技能学习相关的一些思维品质。在核心素养中，这一品质与学生更为贴近，学生思维品质的提升与优化也是“立德树人”的彰显与表现，与高校英语教学改革的目标相符合。

总之，学生的生存与发展需要多种素养，但是在21世纪的挑战下，这些素养并不是并重的，也需要对这些素养的重要性进行排列。其中创新能力、合作能力、信息素养等是优先的素养，这些应该排在最前列，因为这些素养是学生应对挑战的关键，这就是所谓的核心素养。其他的一些素养如身体素质对于个人来说是非常重要的，但是由于太基础，所以可以将其视作基础素养。另外，传统的读、写、算也可以算作基础素养。

在全球化背景下，各国关于学生核心素养的范畴存在着某些共性。就全球范围来说，国际组织、一些国家等在核心素养指标的选取上，都反映了该组织、该国家、该地区的经济发展情况，并强调信息素养、创新能力、社会贡献、国际视野等素养是非常关键的素养。但是受国情的影响，各国所面临的关键问题存在差异，因此核心素养的内容与程度也会存在着某些不同。

（六）增强学生的学习体验

个体的发展具有特殊性，因此教学需要在尊重学生个体差异性的基础上，对学生的学习体验予以关注，努力为学生创造更多锻炼的机会，激发他们学习的内部驱动力，发挥他们对知识的探索精神。当前，很多高校的评价强调甄别与选拔，对评价的激励与促进功能予以忽视，往往对结果过分看重，对学习过程予以忽视，这样的评价就导致了个别优秀的学生得到了愉快的体验，但是那些成绩差的学生失去了学习的兴趣，很难培养出健康的情感体验。

在具体的教学过程中，高校教师应该努力让学生用感官去实践、去体验、去解决问题，与社会实践相联系，研究教学方法是否符合学生的需要，采用多种技巧和方法展开教学，增强学生的学习体验，让课堂脱离传统课堂的弊端，即不被教材与大纲等约束，而是让学生广泛地参与到课堂之中，实现师生之间、生生之间的互动，这样才能让他们学会思考、学会辨析、学会研究，进而发现课堂的魅力。另外，教师还需要选择科学的评价方式，让学生能够更好地体会到成长的快乐，享受学习的快乐，帮助学生正确地认识自己，激发他们学习的动力和积极性。

第三节 信息化背景下高校英语教学的优势与挑战

由于信息技术与高校英语教学都存在自身的特点，因此二者融合的优势也凸显出来。当然，也不可避免地会出现一些问题，这些问题的出现是二者融合路上的正常现象。本节就来分析高校英语教学与信息技术融合的优势和挑战。

一、信息技术教育背景下高校英语教学的优势

著名学者沃特斯指出，“无论是对今天的教育而言，还是对未来的教育而言，教师都充当了督促者、组织者、咨询人、向导等角色，学习也不是为了学习而学习，而是为了满足需要而进行学习”。信息技术与高校英语教学的融合就是为了满足学生未来的需要，而要想对其应用，首先就需要了解其具体的优势。

（一）提高教师工作效率

计算机作为一种工具，可以不断提高教师的工作效率，如设计教案、录入成绩、查询资源等，这些都是通过计算机来辅助进行的，对于教师来说非常有用。

在高校英语教学中，教师可以通过计算机对自己备课的内容进行讲解，并对学生的学习状态进行实时的观察，之后可以进行测评，检验学生的学习情况。

在作业批改上，一些客观性的题目可以通过计算机来操作，主观题在学生作答之后，教师可以通过处理软件来进行批改。这样就大大提高了教师的工作效率，能够将自己的更多精力置于讲解与研究方面。

(二)发挥学生主体作用

高校英语教学与信息技术的融合可以将学生的主体地位凸显出来,学生可以从自身的需要出发,选择自己的上课时间,采用恰当的方法调控自己的学习进度,从而借助信息技术进行掌握。当学生在学习中遇到问题时,他们也会调整自己的学习速度,随时对问题进行解决与补充,从而不断提升自己对知识的掌握情况。当学生在学习中感到非常容易时,他们也会提升自己的学习速度,这样便于掌握更多的知识,也可以进行测试与检验。

在这一过程中,学生能够正视自己的不足,巩固自己的语言知识,便于他们形成良好的学习习惯。同时,无论学生处于何处、什么时间,他们都可以运用各种教材与课件,查询、访问或者下载学习资源,帮助他们进行针对性的学习。当然,学生在学习中遇到问题时,他们可以发送邮件与教师进行沟通,让教师为他们答疑解惑。因此,信息技术可以使学生清楚地了解自己的学习情况,发挥自己学习的积极性,促进自己的学习。

高校英语教学本身是一门能力课,如果仅仅学习理论,这样的学习显然达不到成效,还需要通过锻炼,将理论付诸实践。在传统的高校英语教学中,很多学生因为害怕或者自信心不足,导致不愿意在公共场合开口讲英语,在课堂上也不愿意回答问题,显得非常焦虑,这样的情况是非常常见的。但是,在信息技术教育背景下的高校英语教学中,学生不用担心这一问题,因为他们不是面对面的,所以学生会不断释放自己的焦虑,从而愿意回答问题与解决问题。

另外,由于信息技术在高校英语教学中运用,为学生提供了一种交互式的学习环境,其中实现了文字与图片、动与静的结合,因此显得更为逼真,学生的学习也具有趣味性。

(三)提供丰富资源信息

在高校英语教学与信息技术的融合中,教师应该考虑学生的基本情况,对各种资源进行调用,进而制成自己的课件,并且要与学生学习的需求和风格相符。教师需要在网上搜索相关资料,不断丰富自己的教学内容。

此外,由于国际信息技术的通用语言也为英语,因此在网上存储着应有尽有的多媒体形式的资源,有专门的教学资源,有实时性极强的报刊资源,这些资源都为学生提供了原汁原味的资料。

二、信息技术教育背景下高校英语教学的挑战

信息技术打破了时空的界限,为学生创建了一个开放的学习环境,这就使得传统的教学方式更为个别化、分散化、社会化,教学活动的范围与时间在不断扩展。但是,如何合理利用信息技术,是当前教师和学生都需要思考的问题,也是对他们的挑战。

(一)对学生的全面发展提出要求

学生是教学的对象,教师的一切决策都要围绕学生开展,教师应充分考虑到学生群体和学生个体的身心特点与学习、发展需要。教师应关心和尊重学生,为引导学生积极参与教学创设良好的环境与情景。

教学活动中学生的主体性地位主要表现在以下几个方面。

(1)对教育对象的自主选择权

学生对教师教学的影响并非无条件地接受,他们要求教师的教学尽量适应学生的发展需求,学生有根据主体意识,积极地或消极地进行选择的权力。

(2)对教学内容的自主选择性

学生主动参与教学内容选择是当代教学思想所提倡的,学生选择教学内容是学生自主性中最活跃的因素。当然,必须强调的是,学

生是在教学目标的框架内参与一部分教学内容选择，在课程专家根据社会和教育目标所做的初步筛选后进行。

(3)参与教学活动的积极性和主动性

学生学习活动的主动性、自觉性是学生学习主体性的本质体现，教师的教学活动要建立在学生对学习的自觉的、主动的、自我追求的基础上。学生在学习过程中能积极地参与教学活动，并能以自己已有的知识经验、认知结构主动地认识、理解、吸收新知识。

教学过程中，教师必须重视学生教学主体性的体现，围绕学生安排设计教学过程，同时应认识到教师的主导地位与主体地位是两个并行不悖的关系。

教育信息化的全面实施需要学生具有良好的信息素养、敏锐的信息意识、较强的信息能力。学生信息能力的培养是教育信息化建设过程中的一项重要工作。

新时期，学生信息能力的培养应重点做好以下工作。

1. 营造信息环境，强化学生信息意识

以教育信息化为指导，要促进学生的信息能力(信息的搜集、分析、选择、利用、转化、交流、创新等能力)的不断提升，必须营造良好的信息环境，建设信息课程体系。

具体来说，可以将课外实践活动作为依托，通过这些活动搭建的平台，形成多样化的体验方式，充分发挥广播、网络等的作用，为学生营造信息资源传播环境。

2. 加大信息能力类课程建设，完善课程体系

学校对于学生信息能力的提升是义不容辞的。因此，学校应该开设公共课程，提升学生的搜索能力与信息道德素养，借助技术创新学校的选修课程，并实现教学资源的有效转化。

3. 发挥学校图书馆信息库职能，为学生提供信息服务与保障

在信息技术支持下，学校应该加强图书馆信息资源库建设，将电

子信息资源引入进去，形成信息资源库。另外，学校还可以建立移动图书馆、个人图书馆，通过学校网站与微信平台，为学生提供信息定制服务，让学生根据需要下载与阅读资源。

（二）对师生的有效互动提出要求

1. 传统教学中师生的“有限互动”

在信息技术出现之前，教师和学生交流和沟通场所主要是教室、操场、学校活动中心。

在教室内上课的过程中，教师与学生之间首先要完成本次课程的教学任务，然后才能进行课程外学习内容的交流，因此，师生在学校各教学场所的交流是十分有限的，主要是教师在讲，学生在听，一节课下来，师生之间的交流与互动往往局限于点名提问，并没有师生探索、讨论互动。很多教师在完成教学工作后忙于其他事情（如进行科研），也没有时间与学生交流。师生交流缺乏主动的场景。

课堂之外，学校教师在学校除了日常教学还有很多其他工作，学生的校园生活也十分丰富，由于师生的教与学的任务不同，在不同的时间段，他们需要分别在不同的空间场所内开展教与学的工作，这就更加使得师生课堂关系难以在课外继续保持良好的关系和联系。

课上的交流有限，在课外，教师与学生之间的交流更是少之又少。调查发现，很多学生在课外时间难以接触到教师，而且即便是有交流机会，也是“不怎么愉快”的“被动交流”。上述情况充分表明了学校师生存在着交流障碍，这些障碍有主观和客观原因，有教学安排的局限性，也受制于教育技术所限，教师与学生在课外缺乏沟通与交流的平台。

2. 网络教学中学生的“线上沉默”

网络信息技术的发展和教学应用，为师生之间更加频繁的交流提供了技术支持，教师与学生可以通过 QQ、微信、校园网、教学 App 等实现随时随地的线上交流。但是，由于线上网络课程教学中，师生不是面对面的，学生在教学中对教学内容的投入状态、对教师的回应在很大程度上靠自觉，因此，教师很难像在真实课堂教学中那样监督学生，也不能给每一位学生形成一种紧张、专注、融洽的课堂环境氛围，因此，很多学生在线上课程的学习中都处于沉默、“潜水”状态。

网络课程教学中，学生的“线上沉默”有一部分原因是课堂时空环境和氛围，此外，也与教学内容难易程度、教学内容呈现方式、教师的线上互动方式方法等有密切的关系，一般来说，学生的“线上沉默”主要有以下几种类型。

(1)压制性沉默

压制性沉默的产生与传统课堂教学中教师的“教学权威”有重要的关系，传统课堂教学中，教师是教学活动的“主宰者”，学生处于被动服从的状态，这种教学关系在很多学生的头脑中根深蒂固，难以改变。

信息时代，传统课堂教学环境下的学生对网络教师、网络教材、网络课程产生的认知冲突，在教师面前具有压力，强行压制自己的真实行为与观点，由此产生教学中与教师互动过程中的沉默现象。

(2)障碍性沉默

线上教学或内容难度大，或知识更新滞后，或操作技术复杂，超越了学生本身的生活经验、理解能力与操作范围，学生不知如何表达，也会产生教学中的沉默。

(3)忌惮性沉默

网络教学中，教师为了推广线上教育资源，制订了很多与学生有利害关系的教学奖惩机制与措施，强制学生在教学过程中与教师“互动”，学生处于“被迫”状态，由此教学过程中产生了与教师的教学预想相反的教学状态，学生的这种“线上沉默”是对教师“强制”的反抗，也是对教师所制订的教学机制与措施的抵触。

3. 信息化教学中和谐师生关系的构建策略

(1)遵循教育教学规律

无论教学模式怎么改变，教学都必须遵循客观教学规律，这一点在传统教学中如此，在新时期的信息化教学中也是如此。信息化教学中，教师的教学内容选择，教学方法与手段选用，都应该符合学生的客观认知规律、年龄与性格特点，对教学过程的安排应尊重教学的一般规律与特征，不能为了单纯地求新和使用新型网络教学而开展网络教学，否则就会适得其反，本末倒置，引起学生对教学的不适应，也不利于教学的发展。信息网络是平等交流的平台，每一个参与者都不受年龄、性别、社会地位、经济收入的影响，彼此都是平等的，信息网络技术上的教学是打破权威，拒绝单一、集中和封闭，更加强调多元、分散和开放的教学。师生关系是平等的、民主的、和谐的。对此，在教学活动设计与安排中，教师应以平等的心理预设启发式、互动式的教学活动，使学生在与教师互相尊重、协作、信任的环境中学习、成长。

(2)重视师生多元互动

网络教学中，教师与学生之间的互动打破了时空界限，也必须注意到，学生之间的互动也打破了时空界限，甚至学生之间的互动(常被教师忽视)要比师生互动更加频繁、和谐、愉快，因此，教师应鼓励学生在线上、线下的交流，鼓励学生讨论、探索，提高学生的合作、探索、创新能力。教师给予学生的更加开放和自由的交往空间，能改善学生的教学思维与学习能力，也有助于促进师生关系的良好转变。

(三)对教师的信息素质提出要求

信息技术发展对教师教学信息的加工、传播、反馈与收集能力提出了一定的要求。新时期，高校英语教师要胜任信息技术并合理应用于高校英语教学中，就必须掌握一定的信息技术知识，并具备现代信息的加工、处理能力。

信息时代对整个社会有着很大的影响，对人民的生产、生活、学习等产生了较大的改变。在教育层面，也逐渐改变了高校英语教师的角色，传统教学中的教师是教学内容的唯一提供者，但是在信息技术教育背景下，学生除了能从教师那里获取知识外，还可以通过很多渠道获取知识，高校英语教师的角色也发生了突变，即成了引导者、辅导者、指导者。

信息技术教育背景下的高校英语教学对教师提出了更高的要求。具体来说，教师不再单纯扮演知识的传授者与引导者的角色，他们的角色更加多元化。因此，高校英语教学与信息技术的融合还要求教师不断提升自己的专业化水平，促进自身的专业化发展，从而适应信息时代对高校英语教师的要求。

随着信息技术融入高校英语课堂教学，学生的学习与高校英语教师的教学都发生了革命式的变革，新兴的课堂教学环境即信息技术教学环境得以产生，信息技术下的教师角色一部分是基于传统教师角色中的“传道、授业、解惑”者，应积极汲取传统教师角色中的优点，认真扮演好知识的传授者角色，同时应看到传统教师角色不适应教育信息化发展的地方，如管理者、灌输者等角色的局限，应实现自我角色的转变，处理好传统角色中教师角色的延续，并重视教育信息化下教师角色的转换，不断提升自身的信息素质。

第二章

信息化背景下大学英语教学的现状

第一节　大学英语听力教学的现状

一、听力理解的性质

所谓听力理解，即对储存在大脑中的原有信息进行有目的的运用，并选择、整理和加工耳朵所接收的新信息，从而不断对新知识进行获取的过程。听力理解这一技能是一个独立且复杂的过程，包括信息的输入、处理以及输出等环节。一般来讲，影响听力的因素有很多，主要分为语言因素和非语言因素。所谓语言因素，即语音、语速、语法、词汇量等知识。所谓非语言因素，即传统英语听力教学法、教师素质、心理因素等。听力理解不仅会影响人们获得有效信息，而且也是外语学习、欣赏、交际、应试能力发展过程中非常重要的因素。

二、听力理解的过程

听力理解这一复杂的过程是由多方面因素综合作用的，特别是在听较长的篇章时，学生能力的强弱会直接影响听的效果。在日常的听力教学中，教师不仅应该注重培养学生的短期记忆能力，还要注重培养学生的快速阅读能力。短期记忆有助于听者在自己的潜意识中暂时保留所听到的内容，以便能够对语言进行全部理解。记忆中存储的信息量越大，越能理解得更充分，也就越能收到好的听写效果；而阅读速度的提高能够在一定程度上帮助学生在听前快速浏览和选择题组，通过浏览可以发现彼此的共同点，并能预测听力的内容，这样听者在听音时才能真正做到心中有数。快速浏览不仅能够提高听的质量，而且还能加深听话者的记忆和理解。

听力理解这一过程是非常复杂的，它涉及方方面面的因素，包括语言、认知、文化、社会知识等因素。有学者总结出了以下五点关于听力理解的性质。

①辨认单词并记住与该单词相联系的意义。

②理解每一个单词是如何与语境发生相互作用，并为邻近单词的意义创造语境的。

③理解每一个句子在局部上下文中的意义。

④理解语篇，主要涉及以下两个方面：一是按照语篇的局部语境所提供的知识和背景知识来对语篇的内容加以理解；二是推理出语篇中所暗含的人际、空间、时间、因果和意图关系。

⑤对于较长的语篇而言，至少应该对其大意有所了解；而对于较短的语篇而言，应尽可能多地记住那些比较重要的内容，尤其是与说话者的意图相关的内容。

听力理解包括感知处理、切分和运用这三个过程，听话者应该在听力材料的本身集中注意力，并在短时记忆中储存所听到的声音；在切分阶段，听话者将短时记忆中的语音串切分成从句、短语、单词或其他语言单位，并以心理表征的方式在大脑中对意义进行建构；在运用阶段，听话者借助世界知识和语言知识将大脑中的心理表征与已有的知识相联系，从而能够正确理解听力材料所要传达的内容。由此可见，听力理解过程不是简单地解码字面信息的过程，而是输入信息与听话者头脑中已有的知识图式相互作用的过程。一旦激活了学习者已有的知识图式，就能够很容易理解吸收所输入的信息，并融合到已有的知识图式中，从而产生新的图式，进而能够更好地理解和记忆所听的内容。换言之，从很大程度上来讲，听力理解是基于学习者大脑中已存储的各种知识图式进行推测或信息加工和提取，是听话者对语言交际进行积极主动的参与的过程。

三、大学英语听力教学存在的问题

（一）学生兴致不高

首先，学生欠缺对大学英语听力课程学习的兴趣，课堂气氛沉闷。很多大一新生在大学英语四、六级考试的影响之下，对大学英语听力课的定位就不够准确，他们认为，听力课就是听音、做题、对答案。如果学生在课堂上的兴趣不高，就会导致课堂氛围沉闷。其次，由于高考英语并不涉及听力理解的考核，所以大部分学生一直忽视英语听说能力的训练，中学时期由于没有过多接触地道的英语，导致缺乏语感，不熟悉英语的语音规则，听音时听不懂连读、弱读等语音现象，学生很容易就会产生挫败感。缺乏自信不仅导致学生在课堂上很少提问和回答问题，也致使教师在大多情况下只能进行自问自答，而且造成了学生对大学英语听力课的焦灼感和沉重的心理负担。再加上学生词汇量和语音知识缺乏、知识面窄、语言基础欠佳等，更增加了听力理解的困难程度。一般情况下，各所高等院校的大学一年级学生来自全国各地，由于各地区的经济水平和教育资源不同，所以学生的语言基础也有所不同。尤其体现在大学英语听力这门课程上，由于一些学生在中学时期没有接触过国际音标，导致英语发音基础薄弱；还有一些学生由于当地缺乏优秀的师资队伍，没有进行听力训练的条件，到了大学听力课堂往往会感觉一头雾水。除此之外，三本院校的学生大多词汇量小或习惯死记硬背，在进行听力理解时不能快速反应音频所传达的信息，长时间下去，学生就会产生极强的挫败感,从而导致学习动力不足。

(二)教材质量不佳

教材能够指导教学活动的组织和安排。高质量的听力教材不仅能够提高学生的文化素养,还可以开阔学生的视野。而低质量的听力教材不仅会阻碍学生能力的提高,还会给教师的教学带来困难。现阶段我国一些高等院校仍在使用编排不合理的听力教材,这些落后的教材既不能满足当今社会对于英语听力教学的需求,也无法体现新兴的教学观念和教学方法。

(三)听力时间不足

英语听力水平的提高需要长时间的听力练习,学生在课余时间不注重听力练习,甚至不会去主动练习听力,只是在课堂上集中进行听力的练习。而且非英语专业的英语教学没有单独开设英语听力教学,使听力教学和其他英语教学融合在一起。然而,由于课堂时间有限,在听力教学方面不能占用过多的时间。这就导致学生练习听力的时间严重不足。而听力是一种技能,需要经过长时间的练习才能得到提高,这就与听力练习时间的不足构成了一组矛盾。

(四)教学模式程式化

教学模式程式化体现了听力教学的机械化,在大学英语听力教学中,大部分英语教师使用的教学方法是听听力录音,然后给出标准答案的方式。这种模式下的听力教学只是机械化地播放听力录音,不仅不能及时发现学生在听力中存在的问题,不能使学生形成对听力材料的整体理解,教师的教学和学生的学习都带有盲目性,而且学生在听的时候也不认真,只是为了完成学习任务。

第二节　大学英语口语教学的现状

一、大学英语口语教学存在的问题

（一）课时不足

大学英语教学中的口语教学与听力教学一样，都存在着课时不足的问题。在大学英语口语课程设置中，没有开设单独的教学时间，英语口语教学的时间得不到保证。但学生口语能力的提高需要做大量的实践，而口语教学的时间不够充足在一定程度上直接制约了学生口语能力的提高。

（二）教学准备不足

一般来讲，口语教学的实施包括需求分析、课程设计、教材开发、课堂教学、课程评估这五个过程。毋庸置疑的是，课堂教学在这几个过程中是最重要的。学生主要在课堂上接受外语输入，而且课堂还是学生接受学习策略培训、评估口语交际能力的重要场所。但是，我们一定不能忽视在口语课堂教学实施之前的准备阶段的重要作用。首先，学生是教学的重要主体，了解授课对象的年龄、性别、生源等基本信息能够有效地帮助教师了解学生的气质类型及学习动机，因此，学生在一定程度上决定了教师选择何种教学策略。其次，必须基于教学目标进行课堂教学的实施。口语教学有其整体的课程目标，每节口语课也都有着比较明确的教学目标，教师应该围绕这一目标设计课堂活动和讲解课程知识，不能偏离教学目标。最后，课堂效果是否精彩，直接关系着教师对整节课各环节的设计与衔接，而对于教材的钻研是设计课堂活动的基础。

然而，很多教师都会或多或少地对口语教学存在误解。在他们看来，相比于大学英语阅读课程，口语课程的地位似乎并没有那么重要，甚至在部分教师看来，口语课就是可以“娱乐”师生的课程。所以，教师在课前不仅不会研究教材、不会分析教学目标，而且也不会设计课堂活动，更不会研究教学策略。

通过调查发现，尽管学生们倾向于自由讨论、观看英文电影，但长期以来，倘若一直将它作为口语教学的主要内容，那么便会使学生产生抵触心理，甚至还会质疑教师的教学态度。与此同时，由于教师在实践上严重缺乏讲解和训练，便会减少对学生的语言输入，也会减缓语言和语用能力的提高。尽管课堂气氛变得热闹起来了，但仔细一听便会发现有很多错误，学生一旦接触了那些具有一定难度的话题，便会偃旗息鼓，也会严重脱离教学目标的要求。所以，教师准备口语教学工作的程度高低在很大程度上决定着大学英语口语教学的成败。

(三)教学方法滞后

我国传统的大学英语教学非常注重语法教学和阅读教学，而不注重大学英语的口语教学，英语口语的教学方法和教学观念也比较落后。目前，我国大学英语教学中的口语教学通常采用的是“讲解—练习”的方法，要求学生在没有语境的前提下做造句的练习，这种教学方法并不能提高学生的口语能力。与此同时，这种教学方法忽视了学生在教学活动中的主体地位，无法激发学生的学习积极性，不利于口语教学取得良好的教学效果。

(四)缺乏配套教材

调查资料表明，许多高校普通专业的口语教材对其口语教学并不适用。大部分英语教材都是在听力内容之后才设置口语教学内容，从而作为听力教学的延伸部分。但由于口语教学的内容缺乏全面性和系统性，导致教师和学生忽视了口语的教学。

除高校普通专业的口语教材之外，市场上还存在其他英语口语教材，但这部分口语教材不具有普适性，它只适用于部分专业的英语口语教学。其中一部分口语教材的难度较高，不能在高校普通专业的口语教学中得到广泛推广；另一部分口语教材的内容过于简单，只是问候语、介绍语和日常用语。这些英语口语教材都不能辅助大学英语的口语教学。

（五）学生口语能力差

我国学生在学习英语口语时由于受到汉语的影响而产生了各种各样的问题。如有的学生的发音受汉语的影响导致发音不准确，严重影响了实际交流；有的学生的英语口语发音带有地方口音，使听话者不明其意；有的学生在口语表达中对语调和重音的使用不准确，从而导致口语表达得不够准确。

此外，由于学生的口语练习不足，使其学习到的语法和词汇等知识难以运用到实际的口语表达中。我国的大学英语教学由于侧重应试教育而将语法教学和阅读写作教学作为教学重点，口语教学得不到应有的重视。这就导致学生的口语练习不足，口语基础太差，在之后的口语学习中对口语产生畏惧心理。

（六）教师欠缺语言示范能力

英语教师是英语知识和能力的示范者，是学生语言信息的主要输入者，所以教师英语水平的高低会直接影响学生口语交际能力的提升。在实际教学中，只有教师熟练掌握了语言能力，才能与教材内容进行充分结合，为学生营造一个良好的学习英语的氛围，并通过自己对词语的选择、句子的构建，使学生可以在潜移默化的过程中“习得”英语，从而更好地促进教学目标的实现。

大多教师并不重视提升自身的语言交际能力，在他们看来，练习口语只是学生的事。课上除了用语用英语表达一些简单的课堂用语外，对于语言知识的理解、任务的布置、活动的组织等仍大量使用汉语，还有一些教师缺少规范性语言，十分随意，无法有效传达教学目标中语言能力的信息内容。还有一些教师的语言使用单一，缺乏抑扬顿挫。学生身处这样的课堂氛围根本无法体会英语的美感，长时间下去便会导致其失去学习英语的信心和兴趣。

（七）教师缺乏组织课堂互动的能力

在大学英语口语教学中存在各种各样的因素，因为它们相互之间会产生交互作用，所以才能迸发出口语教学的潜在生命力。只有激活这些因素的互动，才能创建一个生机勃勃、活力满满的口语课堂，才能顺利实现口语教学的目标。而师生互动正是英语口语教学诸多互动因素的核心。美国著名的外语教学法研究者佛丝甚至认为，决定英语课堂教学成功与否的关键在于“互动”。但是，我们在教学实践中往往会发现，口语课通常是教师的个人表演舞台，学生不能积极回答教师提出的问题，不能积极配合教师的课堂教学，不管教师以什么手段鼓励学生，学生始终默然视之。很多学生对教师布置的课堂活动都表现出了旁观者的态度，甚至很少与同学进行交流和合作。

（八）忽视对学生自主学习能力的培养

不管外语学习采用何种形式，都需要学习者不断付出努力，其自主学习能力直接影响着学习的成效。另外，自主学习能力也是合作互动的基础。要想让学生真真正正地成为口语课堂的主人，必须充分调动学生提高英语口语交际的积极性，千万不能忽视培养学生的自主学习能力。但是，传统的外语教学理念仍然在很大程度上影响着教师的口语教学。在与教师的私下交流中可以发现，很多教师通常会感到委屈和困惑，尽管他们努力准备了各种各样的材料，但学生们仍然抱怨他们没有在口语课上有所收获。由此可见，一两个句型并不是学生缺少和渴望的，他们想要的反而是一种可以不断开发自己潜能的学习能力。“授之以鱼，不如授之以渔”，对于学生自主学习能力培养的关键就是教授给学生各种学习策略，即所谓的“渔”。

二、大学英语口语教学的特点

（一）教学内容的特点

大学英语口语教学涉及广泛的内容，不仅要在口语课上教学生口语，还要保证学生有充足的练习口语的机会。因此，大学英语口语教学的一大特点还包括教学内容的广泛性和可延展性。教师可以通过有计划地安排各种各样的训练活动来训练学生的听、说、读、写能力，按照阶段的不同和练习目的的不同来选择朗诵、口头作文等形式，并掌握适当的难易程度，巩固学生的基本技能，从而使教学内容具有可扩充性、知识性和趣味性。

（二）教学评估的特点

在大学英语口语教学中，教学评估这一环节是至关重要的。对于教学目标的实现而言，全面、客观、准确的评估体系是至关重要的。一般来讲，有两种评估学生学习的方式：形成性评估和总结性评估。无论采用哪一种评估方式，实际上评估大学英语口语教学就是在考核大学生用英语语言进行交际的能力。

三、大学英语口语教学的目的与意义

（一）大学英语口语教学的目的

教育部颁发的《大学英语课程教学要求》表明，大学英语应注重培养学生的英语综合运用能力，特别是将听说能力的学习和锻炼都提升到一定的教学高度。实际上，我国的英语教育逐渐明确了英语听说能力培养的地位，并在一些院校进行了教学尝试，也取得了相应的进步，但仅从学生的口语表达能力这一项指标来看，我国大部分地区都远没有达到社会的需求。具体来看，主要表现在以下几个方面。

第一，虽然听说能力总是被放在一起，但从实践来看，大部分地区都是围绕听来进行的，针对听说能力的考试也是只有听力部分，说的内容少之又少。

第二，大学阶段最重要的英语考试是四、六级考试，而四、六级考试中没有口语考试，这样学生在备考和补习英语的过程中有选择地忽视了口语内容，致使大学生的英语口语能力始终难以取得突破性的进步。

第三，在大学课程设置中，一般本科院校的非英语专业学生到了大三之后，就不再接触英语课程，英语“空窗期”的出现导致学生无法及时巩固和锻炼英语能力，所以就过早地放弃了对英语的学习。

也正是基于以上原因，大学英语口语教学的不足逐渐引起了广大教育工作者的重视，大学英语口语教学改革也被提上了日程。广大教育者一致认为，大学英语教学应改变过去以阅读理解为主的做法，强调将重心调整到听说方面，注重培养学生的英语综合应用能力。因此，大学英语口语课程的开设迎合了当前改革的方向，以培养学生的听说能力作为一项重要的教学任务，极大地丰富了大学英语的教学内容。

（二）大学英语口语教学的意义

1. 提升学生的英语语言素质

开设大学英语口语课程，对学生的语用能力是一个很好的锻炼和提升机会。英语学习的一个重要目的是提高学生的语言交际能力，并且也能从整体上提高学生的英语语言素质。尤其是大学英语口语课程中关于面试口语的练习，可以直接针对学生的演说能力和英语求职中的问答技巧进行训练。在当前全球化的经济背景下，掌握一定的交际语言技巧对于任何专业的人才来说都是十分必要的。大学英语面试口语课程可以有效提高学生的语言表达能力及面试中的演说技巧，可以帮助面试者利用英语来展示自身优势和魅力。通过对口语课程的学习，不仅锻炼了学生的语言思辨能力，还提升了学生的英语综合运用能力，并能让学生在以后的学习、工作及交往中充分发挥语言交际的技巧，以不断适应经济全球化的时代背景。

2. 提高学生的语言交际能力

在当前大学英语的教育模式中，大一、大二两个学年中均开设了英语课程，但到了大三、大四，除了专业英语以外，一般都不再专门设置英语课程，这实际上造成了大学英语教育的空白。基于这样的教学模式，待学业完成走向工作岗位时，英语已经荒废了两年的时间，再重新将英语用于求职及以后的工作中的难度就变得很大。因此，从某种意义上来看，当前大学英语课程的设置并没有实现与社会需求的有效链接，而是存在一定的脱节。学生在大学课堂所习得的英语语言知识未能学以致用，这也在一定程度上违背了大学英语教学的初衷。口语课程的开设以应用教学为主，填补了大学英语教学的不足，同时也针对学生口语交际中的问题展开，能够有效地激发学生的学习兴趣，而且能够很好地补充常规的大学英语教育模式。

3. 激发学生学习英语口语的积极性

英语口语作为一门应用性极强的课程，越来越受到大学生们的推崇。开设大学英语口语培训课程既要满足学生自身的口语表达欲望，也要适应社会各行业对口语应用型人才的需求。英语口语课程的开设是极具针对性的，既满足了学生充实自己、锻炼自己的需求，也是对社会需求的一个良好呼应。此外，口语课程直接针对当前学生的求学、求职需求，激发了学生们对口语学习的热情，有利于更好地培养学生的自主学习能力。

第三节　大学英语阅读教学的现状

一、大学英语阅读教学存在的问题

一直以来，我国的大学英语教学都以阅读教学为教学重点，但大学英语阅读教学还存在以下几个问题。

（一）教学观念落后

1. 将阅读速度等同于阅读能力

部分英语教师片面地认为学生阅读速度的提高就是阅读能力的提高，并以此为依据开展教学活动。实际上，这种观点是错误的。一些学生虽然阅读速度快，但阅读能力并不强。由此可见，学生的阅读速度和阅读能力没有相关性。学生的阅读技巧和阅读题目在一定程度上决定了阅读速度的快慢。例如，题目要求只掌握阅读材料的大意时，可以只浏览通篇材料，不必逐字逐句地仔细阅读。题目要求掌握阅读材料中的具体细节时，可先浏览全文确定具体细节的位置，再仔细精读这一部分。

2. 将阅读教学混同于词汇教学、语法教学

在大学英语阅读教学中，教师常常会重点讲授个别词汇的用法或讲授语法知识，阅读教学的教学模式是讲解词汇、分析语句和给出标准答案。这种教学模式不注重培养学生对阅读材料的整体理解能力和在阅读材料中提炼信息的能力，而形成这一问题的根本原因是教师不具备正确的阅读教学观念。教师对阅读教学的教学目标的认识比较模糊，导致阅读教学的内容主要是词汇教学和语法教学，学生不能通过阅读教学获得真正的阅读能力。

（二）教学方法落后

目前，我国大学英语教学的方法一般是由教师下发阅读任务，教

师在学生任务完成之后公布正确答案并进行详细讲解，这种教学方法已经成了固定的教学模式。这种教学模式不仅应试特点突出，而且比较僵化，不能培养学生的阅读习惯和阅读能力。这种僵化的教学模式也忽视了学生的主体地位，学生在学习过程中不能充分发挥主观能动性，阅读教学也无法达到理想的教学效果。

（三）课程设置不合理

在一些英语教师看来，阅读教学只是英语教学的附庸，因此不重视阅读教学的教学目标和教学计划的制订。阅读教学的教学时间、课程设计和师资配备缺乏保障，从而直接影响了阅读教学的教学效果。

此外，阅读教学中的精读训练和泛读训练分配不合理。一些大学英语教学安排了较多的精读训练，而很少涉及泛读训练。这种侧重于精读训练的阅读教学使师生形成了阅读教学就是词汇教学和语法教学的错误认识。因此，学生的阅读能力也无法得到相应的提高。

二、大学英语阅读教学的特点

（一）大学英语阅读内容的特点

从对大学英语教材的把握来看，大学英语教材具有多样性，几乎包括各种各样的文体。其多样性主要表现为三点：一是文章涉及领域广泛；二是体裁多样，包括说明文、议论文等；三是语域的多样性，所选文章既有书面体文章，也有口语体文章。由此可见，大学英语阅读内容的特点包括篇幅长、生词多等。

（二）大学英语阅读方式的特点

1. 精读

精读要求学生仔细阅读全部的语言材料，并能够深刻且全面地理解整篇文章。在精读课本中，必须仔细领会每篇课文后的词汇、语法、句型等。

2. 泛读

泛读也叫普通阅读，要求学生能够理解全文，明确全文的主旨大意、主要思想和作者的观点。进行泛读时，只需要简单地对全文做出推理、归纳和总结，不需要再探讨细节和语法。但是，阅读速度必须是精读速度的两倍。

第四节　大学英语写作教学的现状

一、大学英语写作教学存在的问题

（一）思想认识落后

在我国的大学英语写作教学中，仍然普遍存在教师不愿“教”，学生也不愿“练”的问题。在教师看来，有很多语言规则是学生不能通过课堂教学来掌握的，而只能通过学生广泛运用英语语言来加以掌握。这些运用既包括“写”本身，而且也包括“听”“说”和“读”等。对于学生而言，由于写作涉及两个方面，即语言和内容，所以学生往往会出现语言表达困难、缺少及时反馈等问题。如果学生没有得到及时反馈，将会严重阻碍他们英语写作能力的提高。

（二）受应试教学目标的束缚

写作教学内容通常以考试为中心，不能摆脱应试教学的束缚。因此，学生往往会产生教条式的、模式化的写作思维，写作内容也通常会千篇一律，毫无创新可言。除了写作范文和阅读理解外，学生几乎没有时间去阅读英文原版书籍和杂志。这在很大程度上制约着学生英语学习兴趣的培养和写作能力的提高。

二、大学英语写作教学的特点

(一)写作课对教师的要求高

写作课是输出和检验的过程。它不仅能够检验学生的知识储备,也能够检验教师的知识积累。首先,写作课教学要求教师能够对素材进行充分准备,使学生能够有所想,有所写,要能够启发学生进行思考。其次,写作课要求教师知识广博。由于写作内容涉及范围广泛,教师不仅要具有较高的外语水平,且还要了解相关的内容。最后,教师在课后不仅要有耐心,还要有责任心。经过教师的指正,才能真正提高学生的写作水平,所以教师的课后任务更加繁重。由此可见,写作课能否成功,不仅需要学生自身的努力,也离不开教师的引导。

(二)写作课是循序渐进的过程

写作这一过程是复杂、循环的。它要求写作者能够展开丰富的联想,发现题材并将之组织成文。由此可见,在很短的时间内是很难提高写作水平的。虽然很多学生在平日里都可以阅读复杂的文章,但却无法书写完整的句子。在一些学生看来,通过在考试前背诵几篇范文就能获得写作方面的高分。为了从根本上解决问题,提高自身的写作水平,学生还必须多阅读,反复练习写作。这主要是因为写作的过程不仅是对所看到或读到的内容进行记录,而且是通过另一种语言来对自己的思想进行表达的过程。所以,短时间内是无法提高写作水平的,需要进行一个较长时间的训练。

三、大学英语写作教学的影响因素

(一)教师因素

1. 教师的主导地位

在英语的各项技能中,写作这一输出技能是十分重要的。由此可见，写作不仅是写文章的过程，还是同时运用智力和语言的过程。一般来讲，可以将写作过程分为三个阶段，即构思、起草和修改。尽管学生在这个过程中是主体，但也不能忽视教师的主导地位。只有在教师的引导和帮助下，课堂教学过程才能变得更加有效，才能使大学英语写作的教学目标得到真真正正的实现。

大学英语写作教学的有效性，表明教师是一个优秀的写作者、一个公正的读者和一个善意的教练。

首先，作为一名优秀的写作者，教师可以独立创作那些满足自己和他人的作品。只有这样，他才能亲身体验写作过程中的细节和微妙之处，并在教学中向学生进行准确无误的传递。在教学中，教师应尽量将亲自写好的范文展示给学生，并让他们在课堂上进行抄写，然后还要在写作的过程中向学生讲解具体的体会。相关结果表明，通过仔细揣摩教师亲自写的范文，可以在很大程度上提高学生的写作能力。

教师作为一个优秀的写作者，通过亲身示范可以在很大程度上增加学生的信息量。倘若只将教材上提供的范文展示给学生，那么在学生看来，范文都是十分优秀的，离他们有一定的距离。相反，如果由教师亲身写作范文，并详细说明自己写作的谋篇布局思路，这样学生就会觉得写好一篇文章是很容易的，并且学生在教师的示范之下更能深刻体会到对语言的学习与运用，也可以在很大程度上增加学生的写作信心。

其次，作为一个公正的读者，教师不仅需要公正地评价学生的作品，还要设身处地地为学生着想，理解他们在写作过程中所付出的努力。

在大学英语写作教学中，教师可以说是学生作文的唯一读者，学生在写作时也会视教师为唯一读者，导致学生往往是“为老师而写作”，教师必须能够充分认识到自己所处的重要地位。此外，教师还必须认识到，由于写作是一个复杂的、兼具智力和语言运用的过程，学生作为中国母语环境下的二语学习者，任何一篇文章的完成都是需要付出艰苦的努力的，都不是一蹴而就的。教师只有具备了这样的思想准备，才能公正地看待学生在写作过程中所出现的错误，才能充分认识到产生这些错误的原因，才能使学生逐渐克服这些错误。反过来讲，如果教师作为一个成熟的英语使用者，始终从自己的角度看待学生在写作过程中所犯的错误，那么教师很可能会认为这是学生没有认真看待写作任务的结果，这样不仅会导致学生所付出的努力白费，而且也会在很大程度上挫伤学生的学习积极性，教师也会因此不知道选择哪种教学方法。这些教学法理论主要涉及结构、认知、社会和情感四个方面，并各有其侧重点。但总体来讲，任何一种教学方法都存在不足之处，都不是完美无缺的。

目前，结果教学法、体裁教学法以及过程教学法都在大学英语写作教学中得到了广泛的应用。但是，这些教学方法在具体的教学实践中并不是一成不变的，教师应按照具体情况和影响因素，对各种各样的教学方法进行灵活采用。

2. 教师的教学行为和表现

事实上，这是指教师管理或协调教学活动的行为。一般包括教学信息管理、教学时间管理和教学环境管理。

所谓教学信息管理，即教师在大学英语写作教学中，应向学生准确传递教学任务和教学目标，并提供给学生足够多的可理解输入。此外，还要按照学生的学习心理和个体差异，有针对性地选择教学方法，从而使各个层次的学生都能有所收获。

所谓教学时间管理，包括对课内时间和课外时间的管理。对大学英语的学习而言，有必要充分利用课外时间。教师应鼓励学生课后多阅读，以获得大量的语言信息输入，这能够在很大程度上促进学生英语写作能力的提高。

所谓教学环境管理，即只有灵活实施课堂教学，加强学习纪律，形成良好的学习风格，才能根据不同层次的本科生的学习需求和学习习惯，更加顺利地进行大学英语写作教学。

（二）学生因素

1. 学生的主体地位

按照“输入—输出理论”，可以将语言学习的过程分为两个过程，即输入和输出。而学生在这两个过程中都是以主体的身份存在的。换言之，大学英语写作教学是一项语言学习的活动，必须“以学生为中心”。一般来讲，可以这样表达“以学生为中心”这一理念的内涵：教师应对学生予以充分的尊重，不仅要尊重学生学习和交流的需要，还要在充分考虑学生的需要之后再进行教学内容的选择和教学活动的组织，即进行以学生为中心的教学，让学生自主负责自己的学习过程，并积极参与学习的计划、组织、控制和评价过程，避免单纯地进行知识的“灌输”，迫使学生被动学习。教师应与学生交朋友，建立彼此间的相互信任，逐渐使学生实现学习自治。

2. 学生已有的认知水平

了解学生已有的认知水平，有助于提高大学英语写作教学的有效性，原因在于学生不仅是教学的对象，而且也是教学的主体，只有充分了解学生的现有水平，才能有针对性地开展教学工作，才能获得预期的教学效果。因为不同的教学对象有着不同的认知水平，所以他们也都有着不同的听、说、读、写、译的水平和能力。就个体来讲，一些学生可能具有较强的阅读能力，而另一些学生则可能具有较强的听力能力。

“学生已有的认知水平”是一个综合概念，它还包括学生的学习背景等情况。所以，不仅要了解学生的已有水平，还必须要了解学生的学习背景。只有这样，才能真正了解学生的学习动机、学习方法以及已有认知水平。

3. 学生的人格因素

(1)智力水平

一般来讲,在语言学家们看来,语言的学习不仅密切关系着人的智力水平,而且也会对人的智力发展起到促进作用。但是,仅凭借观察是无法准确了解每个学生的智力水平的,还需要进行大量的智力测试。

(2)个体性格

个体性格能极大地影响学习者的语言学习,这在很大程度上关系着语言学习自身的特点。例如,一些学生性格很外向,敢于在课堂发言,他们犯错误时也不会感到尴尬;一些学生性格很内向,很少会在课堂上发言,大多时间都扮演着旁观者的身份,即使被教师要求发言,也是尽可能逃避;一些学生愿意向教师展示他们写好的作文,由教师当面指出错误;一些学生则担心由于他们在写作中所犯的错误,会给教师留下不好的印象。所以,教师在设计课题教学时,要考虑不同学生的个体性格,从而有针对性地开展课堂教学活动。

(3)学习动机

这也是语言学习的一个重要因素。例如,一些学生在学习语言时具有较强的功利性,有的学英语是为了未来的工作需要,有的是为了通过考试,有的是为了出国,而有的只是为了对一门语言加以掌握。无论哪种动机会给英语学习带来更大的效能,都不能忽视学习动机对语言学习的影响。

(三)过程因素

1. 任务布置

大学英语写作任务的特点主要体现在两个方面:一是对题材的要求,如“经济有关的题材”等;二是对作文质量的要求,即“思想表达准确、意义连贯、无重大语法错误”。从后者的要求来看,更像是一种以结果为导向的写作任务。

2. 写作构思

一般来讲,可以将大学英语写作的构思分为针对考试题目和平时写作中的构思。如果是针对考试题目,则是以已有提纲为基础所进行的构思。由于大学英语考试大多都提供了写作提纲,看似这种构思是被简化了的,实际上却并非如此。许多学生在教学实践中都没有考虑给定的提纲,也无法对要点加以把握。而事实上,学生只要严格遵守给定的提纲内容,然后在给定的范围内进行适当扩展即可。

这种不一致出现的原因在于出题者和考生的思维方式处于不同的水平。大学英语考试的出题者都是语言教学和测试方面的专家或教师,他们都具备英语的思维方式。相比而言,大多参加大学英语考试的考生的英语思维方式都不固定,仍然会采用汉语的思维方式来思考问题,由于这两种思维方式的侧重点不同,导致考生所"制造"出来的成品不符合题目的要求。因此,要想从根本上解决这一问题,那么就必须从训练学生的思维方式出发,在学生平时写作提纲时,要求他们写出的提纲要与英语的思维方式相符合。

3. 过程指导

不管是结果教学法、过程教学法还是体裁教学法,它们都有着不同的侧重点,但它们都没有完全忽视指导写作过程,只是更加详细地划分了过程教学法罢了。

事实上,加强对写作过程的指导可以在很大程度上促进写作教学有效性的提高,原因在于,学生在写作过程中难免会面对各种各样的困难,如果能在这时提供及时的指导,会在很大程度上提高写作成品的质量。在指导写作的过程中,主要涉及写作思路或观点的选取、选词、结构调整等。这在一定程度上对教师的语言水平也提出了较高的要求,不仅需要教师保持开放的思维,还要求教师能够随机应变。

4. 结果反馈

这是指对写作结果的反馈。目前,已经有很多学者开始着手研究这一方面。根据反馈时间,一般可以将教学过程中的结果反馈分为实时反馈和事后反馈。

所谓实时反馈，即在课堂上公开阅读学生的写作成品，并提供口头或书面的反馈。所谓事后反馈，即在课后批改学生的写作成品，然后由教师提供书面反馈。通过与平时的教学实践相结合，可以发现，实时反馈能够收获较好的效果，但会耗费较长的时间。有时要求学生在课堂上用10分钟的时间写一小段话，然后逐一检查学生的写作成品，并与学生就写作过程中存在的困难进行讨论。这种训练方式通常是十分有效的，原因在于这种实时反馈可以使学生更容易发现自己在写作过程中所存在的问题。事实上，在写作过程中可以避免很多错误出现，这些错误往往会使他们的文章看起来很糟糕。事后反馈是远远达不到这一效果的。所以，虽然实时反馈比较费时，但却应该在具体的教学实践中推行开来。

对于事后反馈而言，学生对写作时的细节和当时的构思都已经忘记，也不理解教师的修改，导致学生通常不会深究教师的批改结果，甚至表现出了置之不理的态度。但事后反馈是有补救措施的，例如，要求学生重新抄写一遍批改后的作文，包括教师可能没有注意到的错误，要求学生在抄写的过程中纠正文章中的所有问题，并当堂检查抄写后的文章。这种写作教学方法在学生当中很受欢迎，因为在他们看来，通过这种教学方法能够真正地改正作文中的错误，同时还能知道产生错误的原因所在。

由此可见，实时反馈和事后反馈都能帮助学生发现自己在写作过程中存在的问题，并能够极大地增强教学效果。反馈不仅应该使学生积极主动地改正错误，还要知道产生错误的原因，同时这也是反馈发生作用的关键所在。

(四)环境因素

1. 语言文化环境

语言是在后天环境中习得的，语言的习得与环境关系密切。从某种意义上来讲，人所处的环境在一定程度上决定着人的语言习得，外语学习的语言环境主要包括该种语言的听、说、读、写和译。事实上，这是指在中国环境下学习外语的语言文化环境。把语言环境和文化环境统称为“语言文化环境”的原因在于语言与文化密切相关，可以说是“你中有我，我中有你”的关系。语言和文化有着密不可分的关系，语言是一个民族及其文化的最显著的特征。一个人的谈话方式通常能够反映他的社会地位和受教育程度，因此，语言具有区分和认同社会文化群体的功能。

这种环境似乎对所有学生来说都是一样的，但实际上却是非常不同的。首先，每个学生的生活经历和生活背景不同，因此，对中国文化和英美文化的接触也是不同的。例如，一些学生在读大学前或期间有出国的经历，或者一些学生在课外参与了由外教提供的外语强化训练，则其接触的文化环境就发生了改变。其次，每个学生对不同的文化有着不同的偏好，因此，当他们学习一门外语时，对于不同的文化点有不同的取舍，而这些取舍会导致学习外语的文化环境不同。例如，在访问互联网时，一些学生经常浏览国外网站，使他们能够更加深入地了解国外的文化。

同时，东方和西方的文本方式是不同的。英语文本的特点是线性和分层的，而“间接”却是东方文本的特点。这种差别会给中国学生学习英语写作带来困难，因此，在以汉语为母语的环境下进行英语的学习，就必须考虑不同文化背景下英语和汉语的不同之处。在大学英语写作教学中，还应充分关注不同文化环境给英语写作带来的影响。

2. 学校的教学环境

学校教学环境的好坏在很大程度上关系着大学英语写作教学的有效性，但不能起决定作用。其中，课堂教学环境是最为重要的，原因在于课堂教学是大学英语写作教学的主要表现形式。

课堂教学环境主要包括班级规模、课堂心理气氛、教学设施设备、教材和教学空间的设计。这些因素都在不同程度上影响着大学英语写作教学的有效性。

首先,大学英语教学具有一定的特殊性。显然,班级规模在很大程度上影响着大学英语写作教学。英语教学离不开语言的运用,因此,通常而言,班级规模越小,学生获得的实践机会越多,也会增加与教师进行单独沟通的机会,从而也就能得到更好的学习效果。如果班级规模超过限制,则会极大地减少学生的机会,这很明显是不利于预期教学效果的实现的。

其次,课堂心理气氛与教师的领导方式直接相关。在传统的班级中,教师的支配程度很高,而一些班级则是灵活、民主和放松的。然而,其他变量也会影响课堂心理气氛,所以只能按照具体情况来确定它对教学有效性的影响。

最后,只能根据客观情况来判断教学设施对大学英语写作教学的影响。

第五节　大学英语翻译教学的现状

特殊用途英语(English for Special Purposes,ESP)是大学英语教学的一个重要组成部分,是一种侧重于对学生专业学习需求或为未来工作需求服务的语言教学。与一般用途英语(English for General Purposes,EGP)相比来讲,ESP 是以功能主义的语言观为理论基础,按照学习者的特定目的和特定需要开设的英语课程。ESP 更关注怎样才能使语言运用与语言学习实现高速结合,是基础英语教学的延续或扩展,是学生语言知识和技能发展到一定阶段,针对学生的实际需要进一步培养学生的语言工作能力的一个重要教学内容。与 EGP 教学相比,其目的性和针对性更加明确。

ESP 教学初现于 20 世纪 60 年代,关于 ESP 教学相关理论的研究在西方主要经历了五个阶段:语域分析、修辞语篇分析、目标情景分析、技能策略分析和以学习为中心的教学模式。而在此理论指导下的 ESP 翻译教学研究在我国近 40 年(1978—2017 年)来经历了四个阶段的发展后也取得了丰硕的成果。其中,20 世纪 70 年代末到 80 年代末,主要以引进 ESP 概念为先导,以科技英语(English for Science and Technology,EST)为中心进行研究;20 世纪 90 年代,全面展开 ESP 各次语域的研究;21 世纪前十年开始系统研究 ESP 翻译理论;2010 年开始,ESP 翻译和翻译研究越来越依赖网络和信息技术,有了技术转向。虽然,技术转向中的 ESP 翻译教学模式突破了以往传统的教学模式,使单一传统的教学模式得到了极大的改变,但是计算机辅助教学的模式探索依然比较呆板,且可行性和实践效果不够理想。

另外,信息化时代下社会和学生对 ESP 的需求更为迫切,对学习的效果更为关注。学生们已经熟悉互联网多媒体教学模式和各种翻译技术,面对课内外不断扩展的学习平台和渠道,他们亟待发挥自己的主动性进行个性化学习和交互性训练,这时切实可行且效果显著的新型教学模式和人才培养模式就更有了探讨和研究的价值。

在当今信息化时代提供的强有力的信息技术的机遇面前,针对社会需求和 ESP 翻译的特点,对 ESP 翻译教学模式的探讨,不仅在理论上可以从更为宏观的角度为整个 ESP 语域的翻译教学提供一个更为实际、可行性更高的教学模式设计,缩小目前情景和目标情景的差距,为编写教材、安排教程和课程设计打下基础,更可以在现实中根据 ESP 各次语域的专业要求和行业需求,培养出能在各部门中从事翻译的复合型、应用型英语人才,填补国家和地区对各领域复合应用型英语人才的需求。

我国自 1978 年引进 ESP 概念并加以研究以来,历经了以 EST 为中心、ESP 各次语域研究的全面展开、ESP 翻译理论的系统研究以及 ESP 翻译和翻译研究的技术转向四个阶段,取得了丰硕的成果。广义上,ESP 指在特定场合、特定领域或被特定身份的人群所使用的英语，包括律师、法官、医护人员、旅游业执业者所使用的英语等。商务英语的市场需求和科技英语的特殊性质决定了狭义的 ESP 必然会受到商务英语和科技英语领域的限制。所以，大学在开设 ESP 课程时，更多课程倾向于商务英语和科技英语方面，这也同时会给学生带来狭义的误导。

蔡基刚、廖雷朝认为，ESP 的特征包括复合型、专业性、实用性和灵活性等，能够帮助和引导学生直面职场中的现实情况，因此学生对 ESP 的学习有着相当大的需求量，也会对学习所得有着非常高的期望，这在一定程度上加快了大学研究 ESP 教学新模式的步伐。

在实际教学过程中，ESP 翻译教学有很强的学科针对性，涉及英语基础知识、翻译知识和各学科领域的知识，是一门极具综合价值的学科。除了传统授课式的 ESP 翻译教学，随着时代的发展以及教学技术的进步，师生开始共同关注是否存在一种新的 ESP 翻译教学模式这一问题。

在大学英语教学体系中，大学英语翻译教学是其主要构成要素，是 ESP 教学的重点，也是当前社会培养、输送高水平翻译人才的主要途径。目前，我国对复合型外语人才需求量极大。但是，一方面，人才市场竞争激烈，大量具有一定外语水平的毕业生就业困难；另一方面，不少企业不是没有岗位而是招不到合适的企业发展人才，这一现象在跨国公司和外贸公司中更为突出。

第三章

信息化背景下的
信息技术与英语课程整合

第一节　信息技术与英语课程整合概述

一、信息技术与大学课程融合概述

把信息技术和大学英语课程教学进行有机的统一，以此为契机，采取信息技术，开展以老师为中心、学生为主导的“积极合作和研究”的教学活动，其中以老师为核心主要体现在学习氛围的营造、信息资源的分配、协调学习的开展与探究性学习的引导等层面上。在该过程中，学生学习模式需要体现出积极性与自主学习的特点。教师应该采取学教兼顾的教学设计思想来展开教学活动，锻炼学生良好的听说读写能力，鉴于此来培养具备创造性思维的先进人才。

二、信息技术应用在大学英语教学的特点和优势

（一）利用丰富的学习资源提高学生的自主学习能力

在传统的大学英语教学模式中，教师注重的是对学生传授英语的语法知识、口语的操练以及英语技能的讲解，在整个课堂教学中教师只是承担了教学这个角色，并不是以教师为中心进行的，使得在这

样的教学模式下，虽然现在的学生从小学就开始学习英语了，但是仍然不能利用自己所学到的英语知识和别人进行流畅的沟通与交流，也无法向别人准确地传达自己想要表达的意思和想法。这是因为在传统的英语教学模式下，教学的重点主要是对英语语法和英语词汇的讲解，缺乏对学生英语环境交流的口语能力的关注，在教学时，也没有对学生的自主学习能力进行充分的培养和挖掘，使得学生对英语学习没有兴趣，学习的积极性也不高，降低了英语学习的效率和效果。我国社会现在已经进入了信息时代，教育也要适应信息化社会的新形态，通过应用信息技术的方式，结合大学英语传统教学模式改革，建立完全以学生为主体的英语教学课堂，来提高学生的学习效率和教师的教学效果。

教师可以利用互联网上大量的视频资源、课件、图片、文档资料等资源来设计英语教学内容，更新英语语言的教学方式，使英语教学课堂变得生动、有趣，提升了整体的学习氛围，同时也为学生的自主学习提供了非常丰富的资源素材。随着信息技术的广泛应用，只要通过互联网，学生就可以根据自己的学习需求，利用平时的一些零碎时间或者周末，浏览自己感兴趣的英语内容并进行学习，通过网络教学的方式，不仅能够让学生学习到更多的学习知识，也能培养学生进行自主学习的意识，并逐渐提高学生的自主学习能力。

（二）教学内容优化整合，设计多样化的教学情境

在传统的教学环节，英语教师大部分时间花在了准备教案以及课堂演示板书上。而在进行信息技术应用教学时，由于它与教学过程中的各个环节都有紧密联系，因此，教师可以把时间利用到教学内容的设计以及教学环节的规划上来，以实现整个教学课堂的各个方面的优化整合，让学生对课堂上理解不了的信息能够及时地进行反馈，便于教师理清教学思路，也让教师的教学内容更加的生动、有趣，为学生设计多样化的教学情境，使课堂教学变得更加的丰富立体，激

发学生对英语学习的兴趣，提高学生的学习效率和教师的教学效果。

第二节　信息技术与英语课程整合的发展

一、大学英语教学与信息技术融合中的问题和挑战

(一)缺乏适度性

在我国高校招生政策不断完善的背景下，大部分高校的学生规模也在不断扩大，造成教学资源不足与师资紧张等问题加剧，导致教学规模和资源间发展失衡。

为应对教学资源不足和师资紧张等矛盾，大部分高校都不得不增加班级数量。因此教师在大学英语教学中就未能对学生的需求有着全面的重视，因材施教的教学思想也就成了纸上谈兵。为保证教学效果，大学英语大班教学多采用多媒体教学模式。然而，信息技术并未真正融合于大学英语课堂之中。

①教学班级庞大、教学任务繁重使得教师无力借助多媒体、互联网等组织丰富多彩的课内外教学活动。

②许多大学英语教师特别是较年长的教师，自己的教学理念和信息技术的操作水平较低，多媒体教学设施的引入并未从本质上改善其教学组织手段，“以学生为中心”的教学理念并未真正实施。

(二)缺乏统筹性

在信息技术进一步普及的背景下，我国大学生所展开的自主学习并未取得高效性的效果。主要表现为：由于“以教师为主导”的教学模式的影响，大部分大学生未能对自主学习模式有着全面的理解，也没有端正自主学习的态度，缺乏一定的自主学习能力；大部分大学英语教师没有从本质上改变教学模式，未能对学生课外自主化学习

活动进行有效的引导和帮助，也未能进行及时的考核和评估。学生所开展的课外自主学习逐渐变成缺乏教师引导的上机学习，表现为自发的特点，师生间缺乏良好的沟通，也没有建立行之有效的大学英语教学模式。

（三）缺乏多样性

围绕教学目标层面展开，由于应试教育思想的根深蒂固，大学生学习英语的出发点主要是通过大学英语四、六级考试；教师在课堂上主要针对学生展开语言层面的教学，围绕四、六级考试内容展开教学，未能全面地关注到信息技术所发挥出的作用，未能营造出真实客观的教学氛围。

围绕课程设定层面展开，大学英语课程体系需要满足多样性的要求，其中涉及语言技能、应用类等课程。但是在具体的教学操作中，主要还是教学通识英语。

（四）评价体系不健全

教学评估是整个教学过程中的最后一个流程，还是大学英语教学体系中的核心内容。但是，大部分高校在大学英语教学评估上还是采取"期末成绩与平时成绩之和"的方式来进行评估，未能关注到信息化软件在评估模式中所发挥出的作用。该种评估模式有着主观性较强、教学回馈不足和后续工作条件不相协调等一系列的问题，从而抑制了学生的全面发展。

二、信息技术与课程整合的背景

由于信息技术的飞速发展，多媒体和网络技术的日臻完善和普及，信息技术教育水平不断提高，软、硬件环境不断完善，加之深化教育改革，全面推进素质教育，培养具有创新精神和实践能力的高素质人才和劳动者的社会需要，教育信息化得到了各阶层的重视，我国的信息技术教育发展进入了快速发展时期。特别是近几年，在新课程、新教法的基础教育改革中，先进的教学理念、以学生为中心的教学方式的提倡、各种形式的教师信息技术能力培训等因素的综合影响下，信息技术教育的发展应用跃上了一个新的台阶——信息技术与课程整合。广大教育工作者的观念从认为信息技术是计算机课程教育的认识飞跃到更高更深的层次，即信息技术必须融入教学中，必须和学科课程相整合。

“信息技术与课程整合”的概念源自西方的“课程整合”概念。在英文中，“整合”一词表述为 integration，这一单词在汉语中有多重含义，如综合、融合、集成、一体化等，但它的主要含义是“整合”，即由系统的整体性及其在系统核心的统摄、凝聚作用而导致的，使若干相关部分或因素合成为一个新的统一整体的建构、程序化的过程。整合可以使系统内各要素实现整体协调，相互渗透，使系统各要素发挥最大效益，这个过程会生成一个新的事物。课程整合的含义是指对课程设置、各课程教育教学目标、教学设计、评价等要素做系统的考虑与操作，用整体的、联系的、辩证的观点，去认识和研究教育过程中各种教育教学要素之间的关系。课程整合的过程就是使分化了的教学系统中的各要素及其各成分形成有机联系并成为整体的过程。课程整合并不是指单纯地将被分割的东西拼凑在一起，也不是指简单地把各学科聚合起来，课程整合是指把本来具有内在联系而被人为地割裂开的内容重新整合为一体的课程模式。这种内在联系是自然的、真实的、本质的，而非人为的和勉强的。牵强附会的联系只能使得课程变成一个大杂烩，如果两个内容之间的关系不是自然的，就不能把它们联系在一起，不是每个事物都必须与其他事物联系在一起的。因此，信息技术整合于学科课程绝不是简单的纳入或功能的叠加，也不只是工具或技术手段层面的应用，而是将信息技术实际地融入学科课程的有机整体中，使其成为整体不可缺少的一部分，或成为一个新的统一体。在各学科教学中，有效地融入信息技术，将教学系统中的各种教学资源和各个教学要素有机地集合起来，将教学理论、方法、技能与教学媒体很好地结合起来，在整个教学过程中，保持协调一致，并发挥系统的整体优势以产生聚集效应。

综上所述，可以从三个方面来理解信息技术与课程整合：其一，在以网络和多媒体为基础的信息化环境中实施课程教学活动；其二，对课程内容进行信息化处理后成为学习者的学习资源；其三，利用信息加工工具让学习者改变学习方式，进行知识重构。在信息化学习环境中，由于将信息技术与学科课程进行整合，使学习者的学习方式发生了重要的变化。主要变化在于学习是以学习者为主体的，学习可以是个性化的，能满足个体需要；学习是以问题为中心的；学习过程是通信交流的过程；学习者之间、教师与学生之间是协商的、合作的；学习过程具有创造性；学习可以随时随地进行。可以说，学习者的学习可以不再只是依赖教师的讲授和学习课本，而是可以利用信息化平台和数字化资源，教师、学生之间展开协作学习，并通过对资源的收集利用、探究知识、创造知识、展示知识的方式进行学习。因此，通过信息技术与课程整合，可以使学习者掌握信息时代的学习方式，包括会利用资源进行学习；学会在数字化情境中进行自主学习；学会利用网络通信工具进行交流，协作学习；学会利用信息技术，进行实践创造性学习。总之，学习者可以利用文字处理、图像处理、信息集成的数字化工具，对课程知识内容进行重组、创作，使信息技术与课程整合不仅只是向学习者传授知识，还能够使学习者进行知识重组和创新。

我国基础教育信息化的发展十分迅速，教育信息化基础设施已初具规模，教师、学生的信息素养教育得到了广泛的重视，对于信息技术与课程整合的课题研究，各教学研究部门和有条件的学校都投入了较大的力量进行实践研究并已取得很多可喜的成果。信息技术与课程整合是当前教学改革的新视点，将信息技术作为改革传统课堂的有效手段，将其和学科课程教学融合为一体，优化教学过程和学习过程，促进学生的全面发展、个性发展，构建数字化的学习环境，实现数字化的学习成为信息技术与课程整合努力的方向。但是这个过程不可能一蹴而就，需要广大教师和教育工作者逐渐积累成果。在这个积累的过程中，粉笔和黑板的作用逐渐淡化，多媒体和网络的应用逐渐普及；在这个积累的过程中，普遍采用的传递—接受的主流教学形式将与多元化教学形式共存；教师和学生的角色都要被重新定位，单纯性的教师讲学生听、教师问学生答的教学局面将被改变；在这个积累的过程中，学生学习的主体性地位将不断提升，学生主动学习，协作学习，发展个性，注重实践能力的意识和创新精神将不断提高。

这里需要注意一个问题，信息技术与课程的整合具有双向性，应该是双向整合，即信息技术整合于学科课程和学科课程整合于信息技术，两者应该做到各取所需。前者是研究信息技术如何改造和创新课程，后者是研究课程创新中如何开发和利用信息技术。这个问题十分重要，它涉及建构信息文化背景中整合型的信息化课程新形态，以及如何利用各学科进行信息技术教育的问题。

第三节　信息技术与英语课程整合的重点

一、信息技术与外语教学整合的目标

信息技术与课程整合的宏观目标可概括为建设数字化教育环境，推进教育的信息化进程，促进学校教学方式和学生学习方式的根本性变革，培养学生的创新精神和实践能力，实现信息技术环境下的素质教育与创新教育，培养有 21 世纪能力素养的人才。

（一）在学科教学中渗透信息技术教育，提高师生信息素养

面向素质教育，基于信息技术的课程与教学改革，其根本要点是

将培养和发展人的信息素养作为渗透素质教育的核心要素。信息技术与课程的整合,是渗透信息技术教育的基本途径。在信息技术中,为发展包括信息素养在内的综合素养的教学活动,为加强信息技术教育提供了一个有效的平台和促进学生发展的空间。今天,基于知识与信息的新经济形态已经崭露头角,以多媒体计算机和网络为代表的信息技术取得的飞速发展使“21 世纪是知识信息的时代”成为共识。由新经济的发展带来的变化说明,随着我国现代化的进展,物质贫困的影响正在逐渐减弱。然而,由于获取、交流和创造知识能力的匮乏而产生的“知识的贫困”或“信息的贫困”则正在深刻地影响着我国在 21 世纪的国际生存与竞争力。面对 21 世纪的挑战,为了实现教育的跨越式发展,必须将迅速提高青少年的信息素养作为渗透整个素质教育的核心要素,并将信息素养的培养融入教材、认知工具、网络以及各种学习与教学资源的开发之中,以形成人对信息的需求,培养人查找、评估、有效利用、传达和创造具有各种表征形式信息的能力,并为此拓展对信息本质的认识。

(二)完善拓展课程的学习内容,为多种专业人才的培养打下基础

通过信息技术与课程的整合,可以充实、完善、拓展、提高课程的学习内容。以实现从单一学科知识作为课程内容向以高新技术为主体的综合知识型课程内容的转变,提高学生学习兴趣。同时培养学生具有终身学习的态度和毅力,使之具有主动吸取知识的愿望并能付诸日常生活实践,将学习视为享受,而不是负担。能够独立自主地学习,能够自我组织、制订并执行学习计划,并能控制整个学习过程,对学习进行自我评估。为社会发展所需要的各种人才的培养打下基础。

(三)培养学生的自我适应、自我生存能力

在信息时代,知识量剧增,知识成为社会生产力、经济竞争力的

关键因素，知识的更新率加快，陈旧率加大，有效期缩短。另外，知识的高度综合性和各学科间相互渗透，出现更多的新兴学科、交叉学科，由此带给人们难以想象的社会生活、经济生活、政治生活和人类一切领域内深刻而广泛的冲击和影响力。在这种科学技术、社会结构发生剧变的大背景下，自我适应能力、自我生存能力将变得至关重要。学校教育中，这些能力可通过综合学习、研究性学习予以培养。在综合学习、研究性学习中，信息技术的应用占有十分重要的位置，而信息技术与课程的整合是当前综合学习的主要形式。

综上所述，整合的目标是提高外语学科的教学质量，促进外语学科教学目标的实现。也就是说整合追求的是提升外语学科的教学质量，提高学生学习外语的效果和效率，而不应是技术方面的目标。外语课程的总体目标是培养学生的综合语言运用能力。综合语言运用能力的形成建立在学生语言技能、语言知识、情感态度、学习策略和文化意识等素养整体发展的基础上。对学生的基本要求为：有较明确的外语学习动机和积极主动的学习态度；能听懂教师有关熟悉话题的陈述并参与讨论；能就日常生活的各种话题与他人交换信息，并陈述自己的意见；能读懂相关的读物和报纸、杂志，克服生词障碍，理解大意；能根据阅读目的运用恰当的阅读策略；能根据提示起草和修改小作文；能与他人合作，解决问题并报告结果，共同完成学习任务，能对自己的学习进行评价，总结学习方法；能利用多种教育资源进行学习，进一步增强对文化差异的理解和认识。而整合就是要将信息技术的应用“毫无痕迹”地融合在课堂教学中，促进更好、更快、更多、更省地完成上述任务和要求。只有在此基础上，才能追求发展性的培养目标，将发展性目标统一在基础性目标的实现过程中，并与之协调发展，而不能本末倒置。

二、信息技术与外语教学整合的条件

信息技术与外语教学的整合是需要条件的，要在以多媒体和网络为基础的信息化环境中实施。它不同于过去研究的视听技术支持下的多种媒体在教学过程中优化组合应用的整合。而是指学与教的活动要在信息化环境中进行,包括多媒体计算机、多媒体课堂网络、校园网络和互联网络等。当然,这不是为了用技术而用技术,而是在现有的条件下,充分发挥信息技术的优势,为学生创造出理想的学习环境,促进教学方式、学习方式和教学结构等的一系列转变。实践证明,信息技术在外语教学中有以下优势。

(一)语言学习环境自然、真实

信息技术能够创设自然而真实的语言学习环境。集成性是多媒体技术的关键特性之一,它可以将文字、声音、图形、动态图像有机地集成在一起,并把结果综合地表现出来。与课本、录音带等教学媒体相比,多媒体计算机能提供更为真实、更接近自然的语言输入,提供情景性更强、更生动活泼的语言教学,从而激发学生的兴趣和学习动机。再加上多媒体技术与网络的结合不仅可以提供来源和表现形式多样化的外语输入量,还可以为学习者创造丰富、自然的目标语环境,让他们在真实的环境中学习和接受挑战性的学习任务,促进学习形态由低投入转向高投入。这对于学习者发现语言规律,建构自己的语言系统是非常重要的。

(二)丰富的资源有利于自主学习

多媒体与网络能够提供丰富的教学资源,引导学生自主学习。借助多媒体计算机和网络的海量存储,每一个学生都会很容易得到比以前任何时候都多的信息。各种新型教学资源补充、扩展了传统的教学资源,使学生获得了更多的学习机会。不仅如此,很多计算机软件能够提供友好的交互界面,针对语音、听力、词汇、阅读、写作等语言技能提供练习任务,并给予相应的反馈和指导。通过人机对话的方式,学生可以自主探究学习。这样,一方面可以扩大课堂的信息容量，从而增大训练的广度、密度和深度。另一方面也有利于因材施教和个性化的教学，更有利于培养学生的学习兴趣，使其找到获取知识的最佳途径，获得最佳的学习效果，这是传统的课堂教学所不能比拟的。另外，超文本技术实现了信息的非线性组织，各种信息之间有丰富的链接，构成了立体的信息空间。因此，学生可以按照自己的思路来进行学习，更好地适应每个学生的学习风格和学习进度。借助这一潜在优势，教师和学生可以进行教学演示，让学生通过多种感官获得丰富的经验，并且可以对演示过程进行自主地控制；促进知识的直观化和可视化，促进学生对知识的深入加工；获取丰富的、不同类型的信息，丰富、扩展对学习主题的理解；表现自己的感受、知识、见解等。

（三）更好地体现了素质教育

计算机和网络使素质教育在外语教学中得到更好的贯彻和体现。在计算机和网络所创设的真实、自然的语言学习环境中，学生不仅满足了个人兴趣，在生动活泼的氛围中感受和体验到了特定的语境和标准的语音、语调，从而能够更好地把握所学内容。并且还陶冶了情操，开阔了视野，了解了外国的风土人情和文化，进而提高了跨文化交际能力。另外，学生在和同伴的交流中，可以发挥创造思维能力和合作能力，充分地学以致用，解决实际问题。外语学习是多种感官的协同学习，掌握一门语言也必然是听、说、读、写和译的诸方面能力的综合掌握，计算机和网络不仅可以兼顾这些方面，还可以达到比传统教学手段更好的效果，从而全面提高学生的素质。

三、促使大学英语教学与信息技术更加融合的措施

（一）明确学校在教育中的角色

1. 组织方面

应该围绕强化群体生态机能水平展开，建立教师职业发展基地，

对教师职业发展需求加以了解，形成并完善职前到职后的教师培训体系，还要进一步增强教师使用信息技术的水平。另外，需要提高基础设施的建设水平，对网络信息设施加以健全和改进，从而使学生的自主学习能有序稳定地开展，创造出和谐融洽的教学氛围。

2. 制度方面

需要理清管理人员、教师与学生间的关系，建立自顶向下的教学管理体系，推进英语教学模式进一步完善与发展。

3. 文化方面

在进行教学的过程中，教师需要对教学宗旨进行改进，全面使用行之有效的教学方法来开展教学，将学生视为自身共同学习的伙伴，调动他们学习的热情与积极性。在此过程中，还要科学建立满足信息技术使用需求的校园文化系统，其中涉及精神、物质等文化的建设。提高辅导与管理的水平，给新型体系的外语教学营造出公开、自由的内外界氛围，进一步强化学生的自主学习能力。

(二)学生自己要明确自身才是学习的主体

通过使用多媒体教学工具，能够让英语教学的知识量得到进一步的扩大；自主学习基地与移动学习的流行，让学生展开英语学习的时间与规模都有着空前的扩大。但是也对学生自主学习的能力带来了一系列的挑战：怎样满足该新型模式的学习要求，怎样合理利用增加后的时间，怎样主动承担自主学习的主导角色等。

所以，教师需要在开展英语教学的前期阶段，对信息化学习条件下的大学英语教学的特征与规律向学生进行详细的介绍，使学生树立自身学习的目标，引导学生把握自主学习的信息化系统与移动学习的资源，让学生建立自身的知识体系，锻炼其自主学习的能力，引导学生间展开沟通学习，从而让学生建立终生学习的学习目标，这对于学生当下与未来的学习生活都是非常重要的。

大学的英语课程已然成了提升学生综合素质的必备因素之一，

其教育水准的高低直接影响着大学生今后的职业发展走向，信息技术与大学英语课程的结合，更有利于提高学生对知识的接收，也能更好地让其掌握多种学习技能，因此二者的结合是今后大学英语教育发展的必然趋势。

第四章

信息化背景下高校英语主题单元教学资源创新设计

第一节 信息化背景下主题单元教学资源设计概述

高校英语的教学内容通常被分为若干个教学章节或单元，每个章节的内容都有明确的教学主题。形式多样的教学内容统一为特定的主题，又通过该主题内容得到具体呈现。一方面，属于同一单元的教学材料自身具有相似性、连续性等特点，由其组合成的各单元语料也随之产生了类似的组织结构；另一方面，由于每个单元包含多个教学模块，处于不同模块的教学材料会产生细节上的差异。因此，总体而言，英语教学在整体规划方面具有统一性，但在具体内容呈现上往往层层递进并富有差异性。在信息化环境下的英语教学中，教师应根据教学单元的不同特征对教学内容、教学资源进行相应的建构与实践。

在传统的高校英语教学中，教学资源主要来源于高校英语教材和教师所提供的学习资源。正因如此，在传统教学活动中，学生始终处于被动接受教学资源的位置。教学是一个需要双向互动的过程，需要教与学双方共同协作来达到教学目标。而学生长期处于被动接受教学资源的环境，不仅忽略了他们对教学活动的贡献，更会削弱他们在教学活动中的参与感，这对维持学生的学习兴趣，提升学习的主动性都是不利的。

针对这种情况，在英语教学主题单元教学设计中，我们希望能够设计一种更具有交互性和流通性的资源结构：教师与学生都是教学资源的贡献者和享有者，教师与学生、学生与学生之间的交互可以通过教学资源这一媒介得到加强，让更多的信息在这样的资源结构中更好地发展流通。在进行课文阅读、在线课前预练、辩证思考、学习写作技巧、学习语言技巧、范文赏析、学习跨文化知识、线上课后练习、线上课后反思、线上课后评价等教学模块的过程中，学生可以利用信息化技术和平台，通过评论、转发、发布观点、投稿、上传课后学习任务、在线师生交流、生生交流等方式参与到学习中。如此，资源的流向不再是单向的，而演变为双向互动。学生在利用现有资源的同时，也能将自身所掌握的资源与他人分享，这既满足了他们对自身存在感的需求、提高了教学的参与感，也使他们的学习积极性和求知欲得到了激发。此外，选择资源也可等同于一种学习方式，在选择的过程中能够充分发挥学生作为学习主体的独立自主性，更能为英语学习的开展提供积极探索的求知欲。也可以说，学生的积极参与是对教学资源的极大补充，既丰富了教学资源的数量，又实现了教学资源形式上的多元化。越来越多的教学资源以交互的形式呈现，衍生出了更利于教育信息流通的结构，而这带来的是更多的信息反馈和资源发展，从而促进了教学资源的发展，如此实现了相互循环、相互促进。

在本章，我们基于信息技术，利用手机应用软件和网络学习平台，分别从主题单元教学资源内容设计和主题单元教学资源呈现形式设计两方面对高校英语教学资源设计进行论述。

第二节　信息化背景下主题单元教学资源内容的设计

以《大学思辨英语教程写作2:说明文写作》作为案例教材。该教材介绍了说明文的写作技巧,一共分为八个单元。其中,每个单元的写作以专题形式展开,并附有名篇解析。我们以教学单元Unit 6 "Men and Women"为例,该单元以性别差异为主题,介绍对比类说明文的篇章特点和写作要领,并阐述信号词的用法和两种不同的布局模式。最终,学生通过线上、线下混合式学习,掌握对比类说明文的写作。同时,通过对"Men and Women"一文的深度剖析,引导学生对性别差异的原因和结果进行探讨,实现学生思辨能力循序有效的提升。此外,在语言知识学习的基础上,通过思考Simon Baron-Cohen教授的科研精神,对比中美两国抗疫举措的差异,润物细无声地植入育人理念,潜移默化地提升学生的道德素养水平。

"Men and Women"教学主题单元的教学资源设计被赋予了教学单元的特征,并充分体现了单元主题的代表性与普适性。在英语教学实践中,教学内容既是教学目标的现实载体,更是教学活动实施的核心支柱。因此,结合教学主题单元的特点,我们以教学内容的结构与组成为基础,以信息技术的多样性和移动性等功能特点为动力,设计了相匹配的教学资源的内容、结构、运行机制和呈现方式。与此同时,我们通过手机应用软件和信息化教学平台创设了教育信息化情境,结合传统教学方式,将学生自学、师生合作学习、生生合作学习等多种学习方式进行多元化、多方位的组合,建构了高校英语混合式教学模式。在该模式中,我们通过整合移动工具的教学资源来设计和丰富主题单元教学内容及方式。总体的单元设计分为四个板块:主题单元课前设计、主题单元课后学习任务设计、拓展学习活动设计以及评价方式和评价维度的设计。整个教学模式的设计渗透和体现了移动工具的作用。从本教学单元的设计可见,在移动学习工具的帮助下，许多教学设计得以实施，教学资源内外循环和教学新模式的有效运行得到了保障，整个英语教学活动也得到了有力的支持。

基于以上主题单元的教学内容，我们将对“Men and Women”教学资源内容的设计进行介绍和阐述。

一、主题教学单元资源内容设计

在对“Men and Women”主题单元教学资源内容进行设计时，应充分考虑教学资源对课程内容的辅助性与对应性，即所提供和推送的资源材料既能够帮助学生对课程内容的学习，也能够延顺着课程与主题的脉络对学习内容进行适当扩展和补充。基于此，我们将“Men and Women”教学单元的资源内容分为以下几个板块：课文阅读、在线课前预练、辩证思考、学习写作技巧、学习语言技巧、范文赏析、学习跨文化知识、线上课后练习、线上课后反思、线上课后评价。这些教学模块对说明文写作的方法和技巧进行了综合分析。

第一，在线课前预练环节模块，让学生通过在线教学平台进行课前预写，并上传至教学平台，同时通过在线自评、生生合作评价、师生合作评价的方式对课前预练进行点评，为后续的课堂教学打下坚实的基础。

第二，配备的名篇解析以及相应的线上课后练习能够巩固所学写作技巧。另外，我们根据“性别差异”这个主题设计了相关讨论题。讨论题分为两类，一类是专门针对范文内容进行思辨训练的问题，另一类是针对写作技巧训练的问题。通过思考和讨论这些涉及人文社科领域的主题，学生不仅可以拓宽视野，激发探索中外文化的好奇心，以开放的态度和宽容的胸怀反思社会和人生，提高人文素养，提升思辨能力和跨文化能力。

第三，在学习写作技巧和学习语言技巧模块，我们针对对比类说明文写作的语言特点，对修饰词时态、语态、选词、从句、连接词、多样句式、修辞手段等内容进行系统训练。语言练习设计注重可操作性、有效性和复现性，能够引导学生观摩和实践对比类说明文写作的语言策略，不断夯实语言基础，提高语言的准确性和得体性。

第四，在线上课后练习板块，我们设计了个人活动、对子活动和小组活动。在线的写作任务形式节省了课堂的时间，科学的写作任务设计使学生对“性别差异”主题的挖掘有一定的知识深度，能够引导学生对人文社科相关知识领域进行延伸阅读和思考。在线上教学平台，我们为学生提供数字写作素材库，供学生从中挑选话题进行写作，或自选题目进行延伸。

第五，在线上课后反思模块，我们提供了“习作修改对照清单”，供学生在课内外对习作进行自我修订时使用。

在九个资源板块中，我们又对主题单元资源进行了详细的设计（见表 4-1）。

表 4-1　“Men and Women”资源内容设计

<table>
<tr><th>主题单元资源板块</th><th>资源板块详细设计</th></tr>
<tr><td>课文阅读
(reading for ideas)</td><td>阅读课文语篇并对作者观点进行思辨</td></tr>
<tr><td rowspan="3">在线课前预练
(online pre-class exploration)</td><td>完成采访任务，收集分析数据，并验证观点</td></tr>
<tr><td>课前写作预练</td></tr>
<tr><td>线上自评、同伴互评，教师根据课前预练和评价诊断学情，组织讨论</td></tr>
<tr><td rowspan="4">辩证思考
(thinking critically)</td><td>小组展示线上采访、调查任务</td></tr>
<tr><td>表达自己的观点，提升语言输出能力和思辨能力</td></tr>
<tr><td>第一类辩证思考问题：针对课文“Born to Be Different”的内容进行思辨训练的问题</td></tr>
<tr><td>第二类辩证思考问题：针对对比类说明文的写作技巧所设计的相关问题</td></tr>
</table>

续表

主题单元资源板块	资源板块详细设计
学习写作技巧 (learning the writing skills)	通过思维导图等方式，学习两种说明文对比模式(point-by-point pattern 和 subject-by-subject pattern)
学习语言技巧 (learning the language skills)	通过句子改写、语篇合成等产出练习，学习对比类说明文信号词(signal words)的使用
范文赏析 (appreciating the sample essays)	深度剖析范文，学习写作要领，并对比课前产出任务，发现课前预练的优点和不足。并围绕写作目的、语体、结构、语言、论证等要素对课前写作产出进行系统、科学、辩证的评价
学习跨文化知识 (learning the intercultural knowledge)	教师提供两则关于中美两国抗击疫情的报道，引导学生从态度、措施、结果对比两国的抗疫情况，并设计说明文"Compare the Anti-Epidemic Work in China and in the US"的思维导图
线上课后练习 (finishing the assignment online)	学生在线完成写作产出任务：写一篇对比中西方对待疫情不同态度的说明文"Corona virus Crisis Exposes Cultural Differences Between China and the US"
线上课后反思 (writing the reflective journal online)	学生根据"习作修改对照清单"，在课内外对习作进行自我修订
线上课后评价 (online after-class evaluation)	学生根据课内评价步骤和要求进行自评和互评。教师有计划地普查或抽查部分批改结果并总结、修改其中问题，最终通过线上或线下的方式反馈给学生

由表 4-1 可见，在线课前预练和课文阅读模块中，通过线上平台，

学生完成。

①阅读本单元说明文语篇“Born to Be Different”。

②分析作者结论并提出疑问“Are women and men born to be different?”，为了验证该观点的正确性和合理性，学生需要从事业、阅读、沟通和记忆四个角度采访班级男女生，然后统计、对比调查数据，多角度验证自己的观点并为课前产出任务提供写作依据。

③完成本单元写作产出任务 Pre-writing，即“Differences between men and women when they are interacting with the world”。学生在没有教师指导的情况下，进行语篇写作，其目的是让学生意识到自身的不足，激发学习新知识的积极性和产出的意愿。

④学生在线提交课前预练，并在线上进行自评、同伴间互评。同时，教师审阅课前预练，诊断学情，并组织师生讨论。最终，教师会选取一篇具有典型错误的作业进行机器评价和手动详批，以及展示优秀作业供学生赏析。下文是某同学的课前预练、小组在线互评、教师在线评价、机器评价和优秀作文。

在辩证思考模块，学生需要完成两个步骤的学习任务。

第一步，在学习任务被上传后，教师进行即时批阅，并从中挑选具有典型问题的作业，以供全体同学线下赏析和评价。同时，被选中的学生展示线上采访作业并表达自己的观点(学生的采访对话见下文)。这个环节旨在培养学生的语言输出能力和思辨能力。此外，通过安排学生独立完成、独立提交课前的视频作业，能够最大化地克服中国传统大班化教学的缺陷，让每一个同学都能参与到任务中，实现对语言的实际运用。以下是学生的采访对话

Speaker：Hello everyone! Our group conducted a survey about female and male mindsets. We interviewed five boys and five girls. We asked them four questions. Firstly, what′s their ideal job? Secondly, what kind of books do they like to read? Thirdly, what kinds of topics do they like to talk with their female or male friends?

Lastly, we asked them to describe the most impressive thing. This video presents one of the interview processes.

Interview 1

S 1: What's your ideal job?

S 2: Actually, I don't have a specific career plan now. But for me, I prefer some high paying, decent and challenging jobs. So I should be engaged in some business investment in the future.

S 1: What kind of books do you like to read?

S 2: Some realistic and philosophical books. I think they can broaden my way of thinking and improve my cognitive ability.

S 1: What kinds of topics do you like to talk with your male or female friends?

S 2: Generally speaking, I discuss a lot of topics with them. For example, some viewpoints about the human development or future planning.

S 1: Can you describe the most impressive thing?

S 2: I think many experiences what I've been through impressed me a lot. But the most impressive thing is going back to 2019, the last year of preparing for the college entrance examination. I will always remember these hard and meaningful times.

S 1: OK, thank you.

Interview 2

S 1: What's your ideal job?

S 2: I want to be an English teacher someday. It would obviously be really challenging, because I would have to constantly be learning if I did that job. And teachers are supposed to shoulder the responsibility to deliver knowledge and encourage students to achieve full potential. So I think that being a teacher is meaningful and beneficial to the society and me.

S 1: What kind of books do you like to read?

S 2: I prefer writing some romantic fictions and some literary magazines when I feel restless and anxious. It's an effective way to relax and calm down.

S 1: What kinds of topics do you like to talk with your male or female friends?

S 2: It seems that my chat with my female friends usually revolves around shopping, idols and some food. For example, we tend to consider which dress suits me and which one doesn't. And before the important exam, our chat may focus on the content of this exam.

S 1: Can you describe the most impressive thing?

S 2: I still remember that the weekend before the college entrance examination, we ate Dingsheng Cake and Zongzi made by our teachers and parents with the hope of achieving a satisfactory result. And it was a very hot summer day when I graduated from high school, everyone said goodbye to our teachers and then walked out of the gate pleasantly.

S 1: OK, thank you.

Speaker: We connected their answers and the results are as follows.

First of all, about ideal job, elementary school teacher is mentioned by both of them. Besides, female also like to do some social work like public accountant or government staff. But male hope that their work can involve some mathematical, computer programming, repair work, business or engineering.

Secondly, about reading, historical fictions and economical books are mentioned by both of them. Besides, female also like to read some romantic fictions, classical works or articles about relationships. But male seem to prefer some science fictions, science magazines or magazines about computer.

Thirdly, about topics of communication, they have many similarities in it. For example, they both like to talk about idols, travel, study or food. Female also like to talk about shopping and relationships with friends. Male like to talk about sports activities, computer games.

The last one is the way to describe the most impressive thing. Most of the female tend to describe a thing vividly, for example, "that was a really hot day when something happened", "that was almost a week that I graduated when something happened", "my junior high school is behind a coast. But there are still many women who describe things like men. The description of them often involve the exact date, address or color. For example, "back to 2019, when I was in high school, my high school is on No. 23 Yuanman Road".

Finally, our conclusion is that men and women have both the similarities and differences; they are not born to be different. That's all, thank you.

第二步,完成问题思考。我们设计了两类辩证思考的问题。

第一类是专门针对课文“Born to Be Different”的内容进行思辨训练的问题;另一类是针对对比类说明文的写作技巧所设计的相关问题。第一类问题具体如下:

Activity 1 Task 1: Think critically about the content of Text A and discuss the following questions in pairs.

1. According to Camille Lewis, beliefs about the differences between the sexes (beyond the obvious anatomical ones) can easily be misinterpreted from a biological perspective and used as the basis for

harmful, oppressive stereotypes. Do you agree with her? Why or why not?

2. Lewis believes that women are empathizers and men are systemizes. Does she provide adequate evidence to support her view? Do you agree with her? Use examples from your observation or personal experience to support your point.

3. Recall your experience of complaining about a problem to your parents or friends. Do they respond in a way that is typical of men or women as Lewis describes? Explain.

4. Apart from what Lewis discusses in her essay, what other differences have you observed between males and females in Chinese culture?

Activity 1 Task 2: At the end of the essay Lewis concludes, "In some circumstances, a typically feminine approach may be more effective; in others, a classically masculine mode may have the advantage." Evaluate this statement as you complete the following steps.

Step 1: Based on the essay, please summarize the features of a feminine approach to problem-solving and those of a masculine one with a list of key words or key phrases.

A feminine approach: ____________ A masculine approach: __________

Step 2: Suppose you are troubled by the following problems. How will you solve them? Firstly, write down your solutions individually. Then collect the responses of all your classmates, and compare the male students solutions with those of female students. Can you identify a gender-specific pattern? Explain your findings.

Problem 1: I lose my way as I am exploring a city I've never been to. / My solution:

Problem 2: I am preparing for an important test tomorrow morning when I receive a call from an old friend whom I haven't met for two years. He or she sounds rather depressed and really wants to see me. / My solution:

Problem 3: My roommate is going for an interview for an internship opportunity in a large company. He or she is very nervous. / My solution:/My findings:

Step 3: Discuss your findings in class. Do the results of this survey of your classmates support Lewis conclusion? If so, in what ways? In particular, can you specify in what circumstances a feminine approach may be more effective and in what circumstances a masculine approach is better? If your findings do not support Lewis' conclusion, what could be the possible reasons for the discrepancy? For example, is it because the problem types are too limited, or your samples are too restricted, or Lewis' conclusion is stereotyped? Based on your class discussion, write a paragraph to respond to Lewis' statement that "In some circumstances, a typically feminine approach may be more effective; in others, a classically masculine mode may have the advantage".

第二类基于写作技巧的问题具体如下:

Activity 2 Task 1: Think critically about the writing techniques used in Text A and discuss the following questions in groups.

1. Many expository essays make explicit thesis statements in their introductory paragraphs. Is there a thesis statement in this essay 's introduction? If yes, what is the thesis statement?

2. In a comparison and contrast essay, the writer often has to shift from one subject to another and from one point of comparison

to another. Effective transition is therefore needed to guide the readers through such constant shift of focus. Identify transitional words or sentences that help Lewis move from one gender difference to another. Then locate transitional words or sentences that shift the discussion from women to men. Are they effective? Why or why not?

3. In Paragraphs 4 and 5, Lewis uses some imaginary examples to support her argument about a gender-specific mindset. Are these examples convincing? Why or why not?

4. Comments on the effectiveness of the essay′s conclusion by considering the following questions:

①How does it summarize the major points of comparison and contrast?

②How does it go beyond a plain statement of differences to make a meaningful point?

③What′s the purpose of the personal anecdote?

④How does it echo the opening paragraph?

5. What effect does Lewis expect her essay to have on her readers? Is she successful in affecting you in such a way? Explain it.

在学习写作技巧、学习语言技巧、范文赏析模块，教师将内容、语言形式和话语结构三个方面环环相扣，进行知识输入。同时为促成课堂输入与输出的紧密对接，教师将输入内容和输出操练一一对应，在这两个模块设计了一系列产出任务，让学生通过“学中用，用中学”，逐级达成产出目标。在内容输入环节，学生完成。

①小组展示采访任务，并表达自己的观点，培养语言输出能力和思辨能力。

②围绕写作目的、语体、结构、语言、论证等要素对课前写作产出进行系统、科学、辩证的评价。

③深度剖析范文，学习写作要领，并对比课前产出任务，发现课前预练的优点和不足。同时，教师介绍范文中所提及的科学家 Simon

Baron-Cohen 教授及其优秀事迹，同时引用钱学森、袁隆平、屠呦呦、钟南山等中国科学家的经历，通过实例呈现科学家们为科研所做的贡献，树立学生的坚守精神，引导他们树立正确的世界观和价值观，鼓励其不断提升生命的价值。在语言形式输入环节，学生通过句子改写练习、语篇合成等产出练习，学习对比类说明文信号词的使用，具体包括表示比较关系的信号词和表示对照关系的信号词。同时，这两种信号词又均分为四种类型：句子的连接词、从属连词、对接连词和其他。

在话语结构输入环节，学生通过思维导图等方式，学习两种说明文对比模式，具体例子如下：

（一）Subject-by-Subject Pattern

It discusses the important features of one subject first and then turn to the second subject.

Subject 1

Point 1　　Point 2　　Point 3

Subject 2

Point 1　　Point 2　　Point 3

e. g.

Thesis：School Systems in Europe and the US

Subject A：Schools of Europe

Point 1：the number of hours per day that children must attend school varies widely

Point 2：some countries require students to choose academic and vocational schools

Point 3：only 30%—40% of high school graduates enter a college or university

Subject B：Schools of the US

Point 1：the number of hours per day that children must attend school is almost the same

Point 2: all the students have the opportunity to go on to a college or university

Point 3: over 50% of high school graduates enter a college or university

(二)Point-by-Point Pattern

It explains the similarities and differences in each point of both subjects in turn.

Point 1

Subject 1　　Subject 2

Point 2

Subject 1　　Subject 2

Point 3

Subject 1　　Subject 2

e. g.

Thesis: School Systems in Europe and the US

Point 1: the number of hours per day that children must attend school

Subject A: Schools of Europe

Subject B: Schools of the US

Point 2: the choice of academic and vocational schools

Subject A: Schools of Europe

Subject B: Schools of the US

Point 3: the number of students who go on to higher education

Subject A: Schools of Europe

Subject B: Schools of the US

在学习跨文化知识模块，教师提供一则关于中美两国抗击疫情的文章,引导学生从态度、措施、结果等角度对比两国的抗疫情况,并设计说明文"Compare the Anti-Epidemic Work in China and in the US"的思维导图。思维导图的可视化结构能引导学生围绕主题词语和使用目标将语言项连句成段,有助于语篇框架在思维中的建构。通过对比中美两国抗击疫情的态度、能力和效果,能够提升学生的爱国情怀,增强民族自信和民族使命感,同时通过学习中西方文化和思想的差异,丰富学生跨文化知识,培养他们的跨文化交际能力。

线上课后练习、线上课后反思和课后线上自我评价模块共包括三个主要部分:课后作业(线上)、课内实施(线下)和课后活动(线上、线下)三个阶段。首先,教师利用作文评价软件对典型样本进行初步评阅,并在机器批改的基础上进行人工批改;然后,在教师的引领下生生合作、师生合作评价典型样本;接着,学生课后自评或互评他人的作品;最后,教师通过普查和抽查相结合的方法了解学生的评价表现和教学目标的实现情况。

下面对本单元总产出任务"Differences between men and women when they are interacting with the world"的作业及评价进行具体说明。

(1)课后作业(线上)

学生在线完成写作产出任务。产出任务为写一篇对比中西方对待疫情不同态度的说明文"Corona virus Crisis Exposes Cultural Differences between China and the US".("Write an expository essay about 200 words to compare the culture differences between China and the US when they were facing the Corona virus Crisis. Please submit your assignment online.")并上传至网络学习平台。然后,教师在线浏览作文,聚焦作文中体现的共性、典型性问题,根据评价焦点选择典型样本并详批,然后根据评价重难点,编制相应练习,帮助学生解决上述普遍性问题。同时,将批改的结果在线反馈给学生,同时进行答疑和师生交流。

(2)课中(线下)

教师首先布置评价任务,说明要求与步骤,然后通过交流讨论师生共同就评价样本提出修改方案。同时完成相应练习,以强化重点语言形式的掌握。

(3)课后(线上、线下)

学生根据课内评价步骤和要求进行自评(见下文)和互评。教师有计划地普查或抽查部分批改结果并总结、修改其中问题,最终通过线上或线下的方式反馈给学生。

Checklist

Mark the question with a check,if your answer is yes.

Have I stated clearly in my introduction what two subjects will bediscussed?

Have I compared or contrasted them?

Are the points of comparison and/ or contrast easy to identify in myessay?

Does my essay have effective organization pattern(i. e. point-by-point or subject-by-subject organization)?

Is my organization pattern consistent in each supporting paragraph?

Have I achieved balance by treating the same points for bothsubjects?

Have I used transitional words to help the readers follow my train ofthought from one point to another and from one subject to another?

Have I presented the points of comparison and contrast in a logicalorder?

Is my conclusion effective?

Reflective Journal

Please write down your reflection upon what you have/have not yet learnt in this unit:

(1)Issues I have investigated

(2)Writing knowledge and skills I have acquired and developed

(3)Critical thinking and intercultural competence I have cultivated

(4)Language I have studied

(5) Anything I wish to further explore my organization pattern consistent in each supporting paragraph(i. e. puzzles and difficulties)?

因此,本单元的评价模式可以概括为:集教师评价、机器评价、学生自评和同学互评为一体的多层次评价主体;集过程性评价和终结性评价为一体的多方位评价方式;集知识目标、能力目标和素质目标为一体的三位一体评价目标;集语言知识、输出能力、职业技能和德育发展为一体的多元化评价内容。

二、信息化背景下主题教学单元具体课时的资源内容设计

我们选取了本单元的一个课时,对信息化指导下的英语教学资源设计进行详细说明。

(一)教学流程

本课时以线上的产出任务为起点,并从篇章内容学习和话语结构学习两方面,在线下进行环环相扣的输入学习。同时为促成教学输入与输出的紧密对接,教师将输入内容和输出操练一一对应,实现学用无缝衔接。具体如表 4-2 所示。

表 4-2　主题教学单元具体课时的资源内容设计

教学环节	教学活动	资源内容设计目的
导入	在线上学习阶段,学生已经完成了课前采访任务。在线下,教师播放一段男生和女生关于职业选择、阅读兴趣等方面的采访视频,引入课堂对性别差异主题的探索	本环节的设计引入主题、激发学习兴趣,为下一环节的展开进行铺垫

续表

教学环节	教学活动	资源内容设计目的
小组展示课前调查任务	各小组通过线上的形式,在课前已经从事业、阅读、沟通和记忆四个方面采访了班级男女生,并统计、对比调查了数据。在线下,小组展示调查过程和结果,同时完成子产出任务:就“Women and men are born to be different”发表自己的观点	(1)本环节介绍了产生性别差异的主要原因,能够引发学生对作者观点的质疑和思考 (2)从事业、阅读、沟通和记忆四个方面建构调查框架,从而促进学习产出和思辨能力的提升
课前写作评价	(1)基于线上的调查,在线下围绕写作目的、语体、结构、语言、论证等要素对典型习作进行师生、生生合作评价 (2)在线下教学中,围绕5个思考题对课前产出习作进行评价并完成改错练习 ①What is the thesis statement in this essay's introduction? ②What is the relationship between the reader and the author? ③ What kind of pattern is used in this essay? ④ Is the language idiomatic and effective? ⑤Is the author successful in convincing you by giving examples in Para. 4 and 5?	这五个问题能够引领学生从写作目的、语体、结构、语言、论证等方面对课前产出习作进行系统、科学、辩证的评价

续表

教学环节	教学活动	资源内容设计目的
范文评析	(1)围绕写作目的、语体、结构、语言、论证等要素评析范文，并与课前线上的产出写作进行对比 (2)教师介绍范文中所提及的科学家 Simon Baron-Cohen 教授及其优秀事迹，同时引申钱学森、袁隆平、屠呦呦、钟南山等中国科学家的经历	(1)这部分为范文剖析，为比较类说明文的学习提供了合理的输入材料，通过深入剖析其中的写作要领，提升学生写作技巧、夯实语言功底 (2)通过实例呈现科学家们的经历，能够唤起学生的坚守精神，引导他们树立正确的世界观和价值观，不断提升其对生命价值的追求
语篇结构和思维导图的学习	(1)学习 point-by-point pattern 和 subject-by-subject pattern (2)分析 Text A 的框架并指导学生用关键词建构其思维导图 (3)线上完成产出任务：教师提供两则关于中美两国抗击疫情的报道，引导学生从态度、措施、结果对比两国的抗疫情况，并设计说明文 “Compare the Anti-Epidemic Work in China and in the US”的思维导图，同时上传至在线学习平台 (4)线上自评、师生合作评价、生生合作评价	本环节提供了两种写作模式，能够使学生掌握对比类说明文的结构框架和语篇的内在逻辑。同时，在此基础上引入思维导图，借助图示展现句子之间的话语结构关联

(二)教学评价

在线上的课前准备阶段,学生完成了写作产出任务“Differences between men and women when they are interacting with the world”,并且上传至网络教学平台,教师已经完成对典型样本的在线详批,明确了评价重点,使评价内容清晰、聚焦。在线下教学环节,在本节课的评价实施过程中,学生拿到样本后,根据重点先进行独立思考和评价,深度加工信息;然后同伴结对交流,比较、选择不同修改方案;在此基础上,教师引领大班讨论,同时鼓励学生发表不同意见,并说明理由,教师随时参与讨论;最后根据实际情况,针对评价中出现的普遍问题,学生完成教师课前设计的改错练习,以巩固所讨论的相关内容。具体如图 4-1 所示。

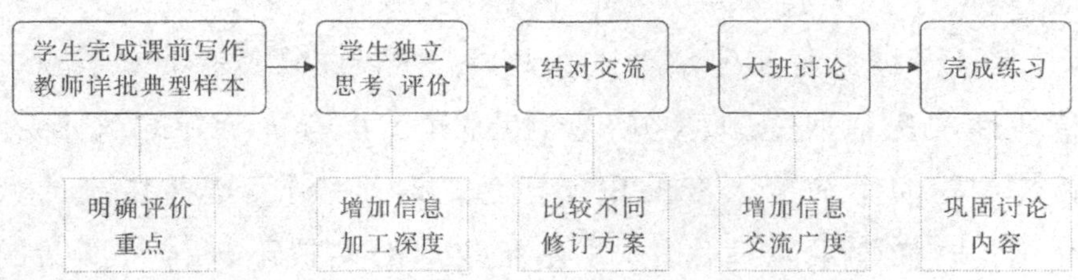

图 4-1　本课时线上、线下相结合的教学评价

第三节　信息化背景下主题单元教学资源呈现形式设计

教学资源是作为教学活动的支架而存在的,是教学内容设计的引导,也是教学行动开展的指南。教师在教学过程中依照教学资源按图索骥地开展课堂教学,组织教学活动。同时,教学资源也是学生从接受知识到内化知识的蓝本,单元间的教学资源在各自主题的安排下,按照一定的规则形成独立的系统。这样的系统是构成教学大纲的子系统,具有表面分散但内部协同的特点。这样的组织结构无

疑为教师创造了更广阔的教学空间，有助于教师灵活调整预设的课堂教学目标与教学节奏，以期能够更好地贴近实际的教学情况和教学需要，尽到因势利导、因材施教的教学责任。但是，无论以何种方式开展教学活动，教学资源都是教学活动中不可或缺的重要环节，学生是教学活动中的主体，教学资源更是教学活动开展的依据。因此，选择适当方式将教学资源呈现给学生，始终是英语教学设计与实践中必须解决的重要课题。

资源的传递需要借助一定的载体，这些载体充当了沟通和传送的纽带，是维系教学活动长久实施的保障。随着时代的进步，不仅学习的定义和思想理念日新月异，教学媒介也顺着科学发展的阶梯拾级而上。最早出现也是至今最为常用的教学媒介就是人类的语言，语言教学是生产活动的并行者，是最为基础的教学方式。之后，随着沙盘、黑板等教学实物媒介的广泛应用，教学与以往相比更具有活力，并且逐渐被保留和记录下来。此外，书籍的出现更带来了教育领域革命性的变革，它使人类知识的传递和传承有了全新的载体，在知识传递中扮演了前所未有的重要角色。时至今日，这些传统的教学媒介仍然在教学中发挥作用，并在新技术的支持下进行着不断的改进与完善。

随着时代的进一步发展，信息技术的逐渐兴起带来了新的教学资源，也变革了资源的传递和展现形式，它对于高校英语教学改革的推动作用是不言而喻的。信息化学习工具替换了黑板和纸张，打破了时间和空间对英语教学的限制，实现了知识传播路径的扩展，使英语教学活动不再局限于课堂之中。此外，信息化教学的即时性极大地缩短了语言类教学资源以及教学信息传递和推送所耗费的时间，为英语教学活动高效有序地开展提供了保障。

在本节，我们将利用手机教学应用软件和网络教学平台对信息技术下的主题单元教学资源呈现形式设计进行具体阐述。

一、手机教学应用软件支持下的教学资源呈现形式设计

信息化手机应用软件的发展和更新推动了英语教学的转型，更对教学资源多元化的呈现起了催化作用。但与此同时，教师在进行教学设计和规划时，必须从多样的教学媒介和工具中选择最符合教学内容和特点的呈现方式。因此，英语教师要全面考虑教学情境、教学目标、教学计划、教学内容以及学习者的个性、偏好等因素，综合选择和设计最为有效的英语教学组合，使教学媒介能够释放出其最优效率，有效助力高校英语教学质量的提高。

手机作为获取信息和即时通信的主要媒介，具有便于携带、信息存储量大、传播速度快等功能特点。因此，它也自然成了单元主题教学的实物资源，发挥教学媒介的作用。以下，我们选取了“英语写作”课程的“英语商务信件写作”单元作为案例。在该主题单元教学中，我们结合教学安排和实际教学条件，以手机教学应用软件超星学习通 App 作为辅助工具，对其教学资源呈现形式的设计进行了研究。

（一）“英语写作”课程的教学目标

“英语写作”课程的总体教学目标是帮助学生把握各类常用文体的用词特点、篇章结构、写作技巧、语言特征，并初步掌握英语写作能力，能用英语书写各类体裁的文章，做到内容充实、语言通顺、用词恰当、表达得体，并在学习过程中，培养团队合作精神、批判精神、思辨能力以及跨文化交际能力。

“英语写作”的具体课程目标分为两个方面：①使学生从语法、词汇、短语、句子、语篇等层面系统地熟悉英语语言，把握各类常用文体的用词特点、篇章结构、写作技巧、语言特征。同时，通过课前预练和课后作文修改，提高自主学习积极性，并在学习过程中，培养团队合作精神，持续提升能力。②使学生掌握初级英语写作能力，能用英语书写描写文、记叙文、说明文、议论文以及其他常用应用文体，做到内

容充实、语言通顺、用词恰当、表达得体。同时，通过作文的自我评价、生生互评，培养批判精神，增强思辨能力；通过语篇的阅读，了解英语国家文化，拓宽视野，培养跨文化交际能力。

（二）基于手机移动应用软件的“英语写作”课程教学目标实现途径

为了实现课程目标，笔者结合信息技术，对教学方法进行了设计。对于具体课程目标①中的写作基础知识理论和方法的学习，采用课堂授课教学以及在线微课的学习方式，并结合手机移动应用软件中相关英语美文、英语写作技巧等文字、视频材料，使学生系统地掌握各类常用文体的用词特点、篇章结构、写作技巧、语言特征；对于具体课程目标②，我们利用多媒体技术，播放图片和视频以及运用在线微课的学习方式，让学生直观感受英美国家的文化和风土人情。同时，我们采用课堂讨论的形式，并结合手机 App 中关于主要英美国家新闻材料的阅读训练，培养学生正确分析有关英美国家问题的能力与跨文化交际的能力。

（三）“英语写作”课程“英语商务信件写作”主题单元内容

在“英语写作”课程中，我们选取的单元主题是“英语商务信件写作”。这一部分是整个课程的重点和难点。本单元主要讲授以下几个模块：学前写作、小组讨论、范文分析、写作要领、课后任务、评价。教学内容涉及求职信、辞职信、声明信、请求信、推荐信、接收工作的回信、拒绝工作的回信、入学申请信以及英文地址的写作、英文日期的写作、商务信件的语类结构、写作要领及语言特征。

（四）超星学习通 App 支持下的“英语商务信件写作”主题单元教学资源呈现形式设计

超星学习通 App 的功能板块主要包括“教学课件”“教学章节”“教学补充资源”“公告”“测试”“讨论区”“学习数据分析”“学生管理”等板块。

“教学课件”主要提供了教学单元的相关课件，学生可以自由下载。“教学章节”介绍了课程所包含的章节名称以及具体内容。

“教学资源”主要提供了与主题教学单元相关的文字、视频、图片等资源。如“英语商务信件写作”单元包含了视频资源、课程公共资源、专业英语四级专题、教材教参、推荐书目等补充资源。

“公告”主要涵盖开课信息、单元学习目标及学习任务、收发作业信息、测试通知等。

“测试”主要包括单元测试及课程重点内容测试。

“讨论区”主要为教师的提问以及学生的留言和互动等。

“学习数据分析”包括课堂报告、学情统计（章节学习次数、作业情况）、成绩统计（综合成绩分布、学生成绩及排名）等学习数据。

“学生管理”包括班级名称、班级二维码、班级设置、班级群管理等内容。

那么，我们是如何利用超星学习通对“英语商务信件写作”主题单元的教学内容资源进行呈现呢？

呈现设计一，教师在超星学习通的“公告”板块，发布“英语商务信件写作”的单元学习目标及学习任务，让学生能够提前了解单元的体系和框架。

呈现设计二，教师在“讨论区”板块向学生发送与投诉信件有关的阅读材料和相关网站链接供学生自学。同时，教师在“讨论区”发布课前写作任务和具体要求：“Write a business letter of about 100 words according to the following situation. You bought a bike from a supermarket. When you found there was something wrong with the bike and went to the staff his rude attitude annoyed you. Write a letter to complain to the manager about your problem.”要求学生在线预写一篇100词左右的投诉信并上传。此环节的设计能让学生体会商务信件写作中可能碰到的问题，特别是有关内容的选择和结构方面的问题，从而了解自己信件写作的长处和不足之处。另外，此项课前写作预练能够引导学生开展英语语言的输出活动，使他们的语言输出技能得到锻炼。

呈现设计三，学生上传作业以后，首先由其小组成员对各自的表现进行讨论、点评。以下是学生的初稿及小组评议。

Step 1 Draft

Oct. 30th, 2021

Dear Mr. Li:

I am a student, I was bought a bike in your supermarket on October 19th. But after several days, the bike was broken, and then I phone yours question number to request for exchange a bike, while the missionary's attitude is very ternble. I wonder if yours work attitude is so terrible. So I hope above the situation will be solved as soon as possible.

Sincerely,

Jacky

Step 2 Revised by the group

OCt. 30th, 2021

Dear Mr. Li:

I am a student, I was bought and I bought (there are two subjects, so we need an "and") a bike in your supermarket on October 19. But after several days, the bike was broken, and then I phone phoned yours your question number to request for exchange exchanging for a bike, while the missionary's attitude is very terrible. I wonder if your work attitude is so terrible. So ,I hope above the situation will be solved as soon as possible. (The last sentence doesn't sound very polite.)

Sincerely,

Jacky

Peer's Comments and Suggestions:

The semantic structures are complete and well-organized, which include heading, salutation, body, closing, and signature.

As for the writing purposes, both of them are quite clear and successfully fulfill their communicative goals. Yet try to bear in mind that when you are asking someone for help, please make your expression more polite.

呈现设计四，首先在接收到学生的课前预练以后，教师通过在线评审的方式提前审阅写作任务并发现作业中存在的问题。然后选取几份优秀、良好、合格的作业并对其进行详细点评（良好、合格的作业以匿名的方式上传），并发布至在线平台供学生们赏析。学生并不需要学习、评价所有被教师挑选出来的作业，而是可以根据自己的水平自主选择。如此，从“完成作业”到“上传作业”再到“学习他人作业”，学生在线上完成了一次完整的训练与解答的过程，这便是在线下课时之外赋予他们学习的自主和自由。

Step 3 Revised by the teacher

Oct. 30th, 2021

Dear Mr. Li:

I am a student, I was bought and I bought a bike in your supermarket on October 19th. But after several days, the bike was broken, and then I phone phoned yours your question number to request for exchange exchanging for a bike, while the missionary's attitude TS was very terrible. I wonder if your work attitude is was so terrible. So, I hope above the situation will be solved as soon as possible. So, I sincerely hope that you can look into this issue and help me to solve the problem. Thank you! (Even it is a complaint letter, you are supposed to be polite when you are asking for someone to solve the problem.)

Sincerely,

Jacky Wang

(Please write down your full name since you are not familiar with the reader.)

Teacher's Comments and Suggestions:

(1) This letter looks like a complaint letter and the writer's writing purpose is relatively clear. The writer complained to Mr. Li about the bad quality of the bike and the awful service attitude of his staff, and requested Mr. Li to take certain measures. However, the writer failed to obey the westerner's thinking pattern and did not put the necessary semantic elements of writing purpose at the very beginning of the letter. Instead, he expressed his writing purpose at the end of the letter, which is mostly influenced by the Chinese thinking mode.

(2) The letter is written by a customer named Jacky to a Mr. Li who is in charge of the supermarket. The social distance between them is far and the whole letter should sound very formal. However, the language in the letter is not formal enough for most of the sentences in it are very informal simple declarative sentences such as "I am a student.", "My bike was broken." The intimate signature "Jacky" is improperly used. Therefore, the tone of the letter is not appropriate enough.

(3) The letter is to be read by a Mr. Li in the form of a letter instead of being spoken in public like an address. The letter should have a heading, an inside address, a salutation, the main body, a closing form and the writer's signature.

The inside address includes the receiver's full name and his working organization so that the receiver will be ensured that the letter is really meant to him or her. The salutation should follow the form with "Dear ＋the title of the receiver＋his full name". The main body of the letter should include the writing purpose, the problems and expectations. The signature requires the writer's hand-signed full name as well as the typed full name. However, the writer did not put the inside address which is a necessary semantic element in a business letter. In addition, the writer did not state as clearly as possible the specific problems and his expectation from the receiver.

(4) According to the writing purpose and the mode of the complaint letter, the necessary semantic elements should include heading, inside address, salutation, body (the writing purpose, the specific problems and expectations), complimentary close and signature. The proper semantic elements for complaint letters can be generalized as the following: heading inside address salutation body (purpose and expectation) complimentary close signature. The student developed the body according to the Chinese thinking mode, which began with the detailed explanation of the problem and ended with the writing purpose. He failed to declare the writing purpose at the very beginning of the body part of the letter.

(5) As for the language use in the letter, there are two problems: the letter sounds too informal in tone and there are so many grammatical errors. There are semantic, syntactic and even punctuation problems in almost every sentence in the letter.

呈现设计五，在课内，教师在超星学习通 App 的“讨论区”发布讨论主题，要求学生从表达目的、框架结构、语言使用、语法拼写等方面对教师挑选的课前预练进行评价。这能引导学生理解写作的不同目的、语篇在社会交际中的作用、交际双方的关系、语篇的必要成分、内容的展开形式以及语言使用上的特征，逐步培养学生的语篇分析能力。教师在“讨论区”发布的问题为：① What is the purpose for

Monica to write this letter? ②What is the relationship between the reader and the writer? ③What is the mode of this letter? Is it to be read or to be spoken? ④What are the obligatory elements in this complaint letter and what are their functions? ⑤What are the language features of this complaint letter?

呈现设计六,学生就以上问题进行随堂小组讨论,并将在讨论过程中形成的总结以小组为单位上传至超星学习通 App。这样做一方面能方便记录学习轨迹,另一方面又有利于共享讨论结果。学生可以自由地查看其他小组的交流结果,既节省了课堂的汇报时间,又共享了学习资源,利于相互交流学习。以下是某个小组在线发布的小组讨论总结:

Group 3:

Answer to Question 1:She made a complaint to Mr. Caruso about her disappointing experience at Caruso′s restaurant,and asking him to improve the service.

Answer to Question 2:The relationship between the reader and the writer is distant. The reader is the manager of the shop while the writer is a student. So they may not know each other.

Answer to Question 3:It is written to be read in the form of an English letter.

Answer to Question 4:The obligatory elements include the full names and mailing addresses of the writer and reader,the date,the writing purpose of this letter,the key information of complaint,the expectation and suggestion of the writer, the closing form, the signature.

Answer to Question 5:The language used in the letter should be clear and correct. But there too many grammar mistakes in the writing,for example,"I was bought." and "I phone yours question number. "Moreover, the simple past tense is frequently used in the complaint letter when the writer narrates the event which has already happened to him or her. But in that writing, there many tense mistakes, such as "while the missionary's attitude is very terrible", "I wonder if yours work attitude is so terrible".

呈现设计七，教师在超星学习通 App 分享范文和写作要领，提供由国内外两名英语专家仔细评阅后的范文。同样，教师就范文语篇的交际目的、结构、内容、组织方式以及语言表达等方面进行分析。由此进行多样化学习，学生可以通过范文更加深刻地认识什么是内容充实、结构合理、语言通顺、表达得体的商务信件。

Step 4 Sample

English Department

Zhejiang Ocean University

Dinghai, Zhoushan, Zhejiang

P. R. China 26400

Nov. 12th, 2021

Ernie Caruso, Owner

Caruso's Italian Restaurant

165 Renmin Road

Ningbo, Zhejiang

P. R. China 253000

Dear Mr. Caruso:

We have been regular customers at Caruso's restaurant for the past several years. Regrettably, after our recent visit, we are uncertain if we want to return.

Last week my husband and I met with a group of three other couples to celebrate the eightieth birthday of one of the group. Instead of our usual enjoyable dinner, we ran into trouble at every step.

We made a reservation for a table for eight several days in advance, and mentioned that it was for a special occasion. When we arrived at the restaurant, we waited for thirty minutes and were finally shown to a very crowded round table designed for six people.

The table was in the middle of the dinning room, surrounded by three noisy groups. We were unable to hear each other talk, and apparently the waiter could not hear us very well. Our order was hopelessly mixed up, with four of the orders in error. Two of the men asked for their steak rare and had to send it back because it was overcooked and a second time because the potatoes and vegetables were cold.

Overall, we were very disappointed with our night out. I′m writing in hope that this will help you return to your previous level of excellence.

Yours sincerely,

Monica Wang

呈现设计八,学生利用课堂上的规定时间对原有的课前预练进行修改或重写,并通过超星学习通 App 进行共享。以下是学生的修改稿:

Step 5 Revised Writing

English Department

Zhejiang Ocean University

Dinghai, Zhoushan, Zhejiang

Oct. 30th, 2021

Li, Manager

Wal-Mart

No. 56 South Jiefang Road

Zhoushan, Zhejiang

Dear Mr. Li:

My name is Jack Chen, a student from Zhejiang Ocean University. bought a bike in your supermarket on October 19th but unfortunately, after several days the chain of the bike was broken, and then I called your question number to request for an exchange. However, the missionary's manner is very rude and I wonder if your work attitude is so terrible.

So I feel unhappy that I was treated like that. I am writing to you and I sincerely hope that you can look into this issue and help me to solve the problem.

Thank you!

Sincerely,

Jack Chen

由以上修改稿可以看出，经过教师讲解和同伴互评，该学生的作文在语言表达、语类结构等方面都有了明显改善。在随后的一个环节，教师把班级分成若干个小组，由 3—4 名同学组成，要求学生在组内交流自己的习作，相互学习、取长补短。在此教学环节，教师可以直接观察和指导学生，并对学生修订过程中出现的问题进行及时讲解与反馈，而学生也能够互相提问解答，分享彼此之间的学习成果，交流各自的学习心得，完成由封闭到开放、由独立到合作的转化。此时，超星学习通 App 作为承载教学与作业的移动工具是这一过程得以实现的关键。它的运用将课前在线资源、课堂练习内容、学习者和教师置于同一环境之下，学生可以根据讲解随时翻查对照，而独立的学习软件又为每一个学生提供更加自主的学习环境：学生不再需要跟黑板或投影仪上的内容完全同步，而是能够在作业、讲解、交流的过程中根据自身的情况进行有针对性的查找和回顾。封闭的作业环境被打破，独立自主的个人空间得以建立，学生既能够自由地设定学习步调，又可以在集体作业与交流的过程中得到进步。

呈现设计九，学生在超星学习通 App 完成课后任务："You bought an air conditioner from a supermarket two weeks ago which is making loud noise when it is working. However, when you were asking for an exchange, you found the service of the staff very terrible. So you are going to write a letter to complain about his bad manner. The letter should be more than 200 words and be uploaded to the Super Star App."

呈现设计十，基于移动应用软件的学习数据评价。作为独立的教学环节，课程评价并不是孤立存在的，它与教学工具的选择、教学模式的设计以及教学活动的安排等环节彼此影响，在教学目标的指引下组合成完整的教学结构。在传统的高校英语课堂中，因为缺乏具体的数据，学生的表现常常只能根据教师的回忆体验被主观判断。而移动软件能够将参与度、积极性和表现这些难以实际测量的因素体现在具体的学习中，并得到数据的统计与量化。教师能够对每一个学生在移动软件的行为有一个基本的认识，并据此具体评估学生的表现，学生留言评论、发帖投稿的数量、作业提交的次数以及作业质量都可以作为评估学习结果的参数。如此，教师在进行评价时可以有更多的参考，评价结果也能够基于数据，从而更为客观。

我们将课程的评价维度设定为两个方面，分别为线上和线下。线上的评价包括在线学习时长、微课学习情况、线上作业、在线测试、线上讨论区活跃度。其中，在线学习时长、微课学习情况占 20%，线上作业占 20%（每个章节结束后会有一次单元作业，由主观题和客观题组成），在线测验占 20%（每个章节结束后会有一次单元测验，共 10 题，每题 10 分，共 100 分，由系统自动评分）。另外，在课程内容全部结束后，也会有一次在线考试，满分 100 分，占总成绩的 20%，由系统自动评分；线上讨论区活跃度占 20%（每个章节结束后会有一次课堂讨论）。讨论次数在 8 次以上视为优秀。此外，60—79 分为合格，80

分及以上为优秀。线下的评价参考内容包括课堂参与度、作业完成情况、随堂测试和期末考试等。

在“英语商务信件写作”单元教学开始前，教师会在“公告”模块中发布本单元的评价方式，其目的在于使学生明晰自身学习行为所带来的影响，促使他们积极参与学习活动，而App中的资源结构也随着实践的不断推进而得到丰富与完善。这是一个彼此影响又互相促进的过程，共同实现整个教学模式的良性发展。我们结合移动软件功能、模块、结构等相关分析和设定，将本单元在线学习数据设定为在线学习时长、微课学习情况、线上作业、线上讨论区活跃度和在线测试。在超星学习通的“学习数据分析”模块，学生留言评论、发帖投稿的数量，作业提交的次数以及作业质量都能够得到统计。通过App分析，教师能够对每一个学生的在线学习有一个基本的认识，并据此对学生的表现进行综合评估。

以上这十个呈现设计借助超星学习通App开展。在传统的线下教学、集体教学进行的同时，教师通过移动应用作为承载与传递课程资源、沟通学习过程的媒介，将更多的教学活动延伸到了课堂之外（如教师对教学内容、视频文字等教学补充资源的发布，学前任务的布置，学生在线写作预练，小组在线评价写作任务等），为学生创造了更多独立学习、自主探究、互动共享的契机。手机移动应用将传统的大学英语课堂教学与课下的自主学习联通，通过教学资源发布、信息提醒以及交流对话等方式为学生提供了学习支架。同时，它设计并完成了更加多元丰富的、以学生为主体的自主学习活动（如资源查找、在线评价等），在这样的自主学习活动中，学生们独立制订学习计划，探索相关任务，并通过合作、分享、评价等方式得到相关结论，其主动性、积极性与创造性得到了培养与完善。而在此过程中，教师的作用被弱化，但并不意味着他们是教学活动的旁观者，他们只是转化成了学生探究过程中隐性的辅助者。教师通过相关资源内容的推送为学生搭建支架，这些支架在潜行中规划指导了学生的行进路线，对他们不同环节应进行的不同工作做出了提醒。在手机学习应用软件的支持下，传统学习方式与网络化学习环境得到有机结合，课堂内外获得了连接与沟通，多种学习方式彼此适应、共同作用，学生的主体性与教师的辅助性也得到了有效整合。

二、网络教学平台支持下的教学资源呈现形式设计

我们选取了《英语国家概况》课程的“英国的政治制度(Political System in the UK)”主题单元以及“英语视听说”课程的“假期安排(Vacation Arrangement)”主题单元作为案例。在这两个主题单元的教学中，我们结合教学安排和实际教学条件，以中国大学 MOOC 平台作为辅助工具，对其教学资源呈现形式的设计进行了研究。

(一)“英语国家概况”课程主题单元教学资源呈现形式设计

1.“英语国家概况”课程的教学目标

该课程着重传授英国、美国、加拿大、新西兰、澳大利亚等英语语言国家的地理、历史、文化、社会和政治体制，重点介绍了英美两国的地理环境、历史发展、政府制度、宗教信仰、风俗习惯、教育、家庭生活、福利制度、新闻媒介、节日活动、种族关系及社会问题等内容。在教授本课程的过程中，我们选用近年来英美两国出版的刊物和网上资源，利用多媒体教学手段为学生呈现出一个动态的、不断更新的英语国家概况。本课程利用手机应用软件以及中国大学 MOOC，采取线上、线下相结合的混合式教学方式：线上，学生观看视频、完成相关练习，进行线上讨论；线下，教师对学生学习情况进行检查和答疑，组织学生讨论等。

“英语国家概况”的具体课程目标分为三个方面：①通过主要英

语国家背景材料的阅读以及文化知识的学习，帮助学生进行语言基本功的训练，巩固和提高其英语水平。同时，培养学生实际运用语言的能力，帮助学生打下坚实的专业基础。②使学生了解主要英语国家的地理、历史、经济、政治等方面的概况，了解主要英语国家的文化传统、风俗习惯和社会生活的其他情况，使学生具备一定的人文社会科学素养。③通过多角度展现，助力学生了解英语国家的概况，培养他们客观地分析英语国家问题和国际关系的能力，提高他们对文化差异的敏感性、宽容性以及处理文化差异的灵活性，培养他们跨文化交际的能力。

2."英语国家概况"课程"英国的政治制度"主题单元内容

在"英语国家概况"课程中，我们选取的单元主题是"英国的政治制度"。这一部分是整个课程的重点和难点，除了教材中的知识点外，还加入了大量时事政治。如近几年的英国首相竞选及其他重要事件。本单元主要讲授以下几个模块：Constitutional Monarchy，Parliament，Parties and Elections，Government，Judicial System。教学内容涉及英国君主立宪政体的演变史，议会两院的各自构成、权力及作用，英国政府的构成、权力及作用，英国的两党的历史、制度和各自推行的政策，以及英国的选举制度和司法制度。经过学习，学生需要掌握英国君主立宪制、宪法的主要构成元素及其定义，议会两院的各自构成、权力及作用，英国首相的权力和职责，英国两党制的历史，保守党和民主党的前身及其现今推行的政策以及包括民事和刑事各级法庭在内的英国司法构成等内容。

3.中国大学MOOC平台简介

中国大学MOOC是由网易与高教社携手推出的在线教育平台，承接教育部国家精品开放课程任务。它以课程为中心，为教师和学生建构交互学习的平台，为教学"课程化"设计提供了强大的技术支持。教师通过中国大学MOOC平台，设计、安排、完善相关课程并及时发布教学公告与任务，学生则通过平台及时获取相关信息并进行有效的学习活动与交互。作为连接课堂学习与学生自主学习的媒介，中国大学 MOOC 平台利用数字化资源建构了教师与学生、学生与学生之间彼此辅助交流的空间。中国大学 MOOC 平台作为计算机移动学习的终端，因其能够承载媒介的作用而广为人知。因此，我们选择了该信息化辅助教学平台作为“英国的政治制度”单元的教学工具。

4. 基于网络教学平台的“英语国家概况”课程教学目标实现途径

为了实现课程目标，我们结合信息技术，对教学方法进行了设计。对具体课程目标①中的基础知识理论和方法，我们采用课堂授课教学以及在线微课的学习方式，并结合 MOOC 平台上相关英美国家概况的阅读和视听材料，培养学生实际运用语言的能力。对于具体课程目标②，我们利用多媒体技术播放图片和视频，运用在线微课的学习方式，直观地让学生感受英美国家的文化和风土人情。对于具体课程目标③，我们采用课堂讨论的形式，并结合 MOOC 平台上关于主要英美国家新闻材料的阅读训练以及英语口语、视听说的训练，培养学生正确分析有关英美国家问题的能力。同时，通过与中国文化的比较了解中美文化的差异，提升学生跨文化交际的能力。

5. 中国大学 MOOC 支持下的“英国的政治制度”主题单元教学资源呈现形式设计

在“英国的政治制度”主题单元的教学实践中，各项教学活动有效实施的基础之一就是辅助教学工具的功能实现。资源设计和管理的自主操作给予了教师在有限课堂空间内更多的自由，使教师能够更加自如地对教学活动进行安排与创造。而评论、发帖、投稿、对话等功能的存在也使得学生与教学之间的交互更多、更有效。学生不再是教学安排中被动的接受者，而是以主动的方式参与教学，甚至影响教学流程的设计。他们能够及时地提出意见、发表感受，从而提高在教学活动中的参与度。这是对学生主体意识的探索与实践，也是更为丰富多元的评价方式的来源。

在中国大学MOOC平台，主要有“课程介绍”“课程公告”“教学单元内容发布”“课程数据管理”“学生成绩管理”“课程数据统计”“学习数据统计”“学生管理”“讨论区”等板块。

“课程介绍”板块包括了课程的基本信息、课程分类、课程类型、教学安排、课程起始时间、课程简介、课程概述、课程教学大纲、课程参考资料等信息。

比如，本课程的“课程概述”为：语言与文化不可分割，文化全球化时代，了解英语国家社会文化概貌，提高文化差异敏感度，减少跨文化交际冲突，增强跨文化交际能力势在必行。“英语国家概况”以英语国家文化为研究对象，主要介绍英国、美国、加拿大、澳大利亚等英语国家的社会文化背景知识，涵盖地理地貌、历史、政体、经济、教育、文学、风俗习惯、文化生活、节日等方面。本课程既可以作为英语类专业学生学习的在线资源，又可以为语言文化学习者和爱好者提供终身学习的资源，还可以为有意去英语国家旅游和留学的人士提供文化背景知识，扩大知识面，对语言文化的学习起到有益的推进作用。通过对本课程的学习，可以有效提高学习者的跨文化意识和人文素养，帮助学习者理解主要英语国家的社会历史文化现象，培养一定的分析问题和解决问题的能力，同时使学习者具有对文化差异之间的敏感性和思辨能力，避免跨文化冲突。

“课程公告”板块主要包括开课信息、单元学习目标及学习任务、收发作业信息、测试通知等内容。

比如，第一章“英国地理 Geography of Great Britain”的课程公告为：“欢迎学习第一章‘英国地理（Geography of Great Britain）’！各位同学，当提到英国时，你会联想到什么呢？英国女王、伦敦泰晤士河、大本钟、鱼和薯条、贝克汉姆？英国这个古老且现代的国度总是带给人们无数的遐想。本章将结合地理人文、历史传统、文化特色、旅游经济等多重视角带你走近英国。你将对英国的四个组成地域——英格兰、苏格兰、威尔士、北爱尔兰有所了解。虽然祖先传统有所不同,法律制度也有所差异,但它们都是英国文化的组成部分。另外,你也有机会了解著名的英国皇室,并通过本节内容的学习对英国的君主制有基本的认识。比如第七章“美国地理 American History”的课程公告为:“欢迎学习第七章‘美国地理(American History)’!同学们,在学习了第五章和第六章之后,你一定对美国的概况、国土面积、风土人情有所了解了。但是,你们了解美国的历史吗?这个曾经的移民国家是如何在不到300年的短暂历史中成长为世界超级大国,并在政治、经济、文化、贸易等方面具有全球影响力的?本章将带你们了解美国从建立初期开始不断扩张领土的经历,以及美国梦的兴起和传奇!”

“教学单元内容发布”板块主要涉及了课程的单元,以及各单元内的课时、具体课时内容、单元测验、单元作业等信息。学生可以在此板块中观看课程微视频、下载课件、完成课后作业、进行在线测试等。

“课程数据管理”板块主要包括单元测验、单元作业、课程考试的发布时间、当前状态、提交人数、平均得分、评分方式、操作完成情况等数据。教师和学生可以查看学习轨迹,包括视频观看时长、视频观看数量、课后作业正确率,测试成绩、发帖数量、评论数量、交流互动程度等数据。

“学生成绩管理”板块包含了学生分组信息、测验成绩、作业成绩、章节考试成绩、课堂讨论活跃度、总成绩等信息。

在“课程数据统计”板块,主要内容包括了选课信息、学习任务完成情况等课程的学习数据。

在“讨论区”板块,学生和教师可以发帖、留言、评论、实时查收消息。该板块还包括了一系列子板块,包括老师答疑区、课堂交流区、综合讨论区以及课程主题等板块。

比如在介绍英国基本情况时，教师发布“Tell me something about London.”的讨论帖，学生可以在讨论区谈论自己对伦敦的认识。这不仅提高了学生参与课程问题讨论的积极性。同时，由于评论和互动能够在课程平台留下痕迹，对所有学生都可见，因此可以实现信息共享并提高讨论的效率。

学生回复 1：London is the capital，the largest city and the largest port in England and the UK. It is also one of the largest metropolitan areas m Europe. Since the establishment of the city by the Romans more than 2，000 years ago，London has had great influence in the world.

学生回复 2：London is the capital of the UK. It has the most symbolic feature that can represent the country-the Queen. However，Queen does not run the country. Also，London is full of rich scholarly atmosphere and Eastern charm，which is a fantastic place to immerse yourself in literature.

学生回复 3：London is the capital of the United Kingdom，as well as the political，economic，cultural，and financial center of the United Kingdom. London is the world′s financial center and the city with the largest number of museums，libraries and stadiums in the world. There are 19 Fortune 500 headquarters and 7 top 100 universities in the world in London.

学生回复 4：London is the capital of England. London is the political，economic，cultural and financial center of the United Kingdom The population of London is more than 7，000，000. It′s the biggest city in Britain. It′s also one of the most important cities in the world.

学生回复 5：London is the capital of the United Kingdom of Great Britain and Northern Ireland，the largest city and largest economic center of Europe. The Romans founded the city more than two thousand years ago. London has maintained a great influence in the world for hundreds of years. From the early 19th century to the 20th century, as the capital of the worldwide empire-the British Empire, London became the largest city in the world because of its remarkable achievements in the fields of politics, economy, culture, science and technology. London is a world-leading city, one of the richest, most economically developed, most commercially prosperous in the world and is a model of globalization.

学生回复 6:London is the capital city of the United Kingdom, home to many world-famous universities, and also the political and economic center of the United Kingdom. At the same time, London is the world's most important center of culture, education, sports and technology. London spans both sides of the Thames River. It is mainly plain, flat and low lying. The city's average elevation is about 24 meters. London is affected by the North Atlantic Current and westerly winds, a temperate maritime climate.

学生回复 7:London is the capital of the United Kingdom of Great Britain and Northern Ireland, the world's financial center, together with New York and Hong Kong and known as the "Nylon Harbor". London is the political, economic, cultural and financial center of the United Kingdom. It has the largest number of museums, libraries and stadiums in the world.

学生回复 8:London, the capital of the United Kingdom of Great Britain and Northern Ireland, is the world financial center. London is the political, economic, cultural and financial center of the United Kingdom. It has the largest number of museums, libraries and stadiums in the world. Nineteen Fortune 500 universities and seven of the world ′ s top 100 universities are headquartered in London. The London School of Economics is ranked 27th and King′s College London is ranked 33rd in the world. London′s GDP reached ＄653. 2 billion in 2018.

学生回复 9:London is a leading world-class city in the world. It is one of the richest, the most developed, the most prosperous and the highest living standard cities in the world. It influences the world in politics, economy, culture, education, science and technology, finance, commerce, sports, media, fashion and other aspects. It is a model of globalization.

学生回复 10:London, is the capital of the United Kingdom of Great Britain and Northern Ireland, the world′ s financial center, and New York and Hong Kong and known as the "Nylon Harbor". London is the political, economic, cultural and financial center of the United Kingdom. It has the largest number of museums, libraries and stadiums in the world.

下面,我们将对中国大学 MOOC 平台支持下的“英国的政治制度”主题单元教学内容资源呈现进行具体介绍。

呈现设计一,教师在中国大学 MOOC 平台上的“公告”板块,发布“英国的政治制度”的单元学习目标及学习任务:“课程公告:英国是一个单一制、君主立宪的民主国家,它的政府体系直接影响了许多其他国家的政治体制,包括加拿大、印度、澳大利亚和牙买加等英联邦成员国。英国没有成文的宪法,但宪法惯例具有宪法的作用;各种成文法和普通法共同组成了所谓的英国宪法。在名义上,国王(或女王)是国家元首、最高司法长官、武装部队总司令、英格兰教会最高领袖,也参加立法机关活动。但在现实政治生活中主要扮演礼仪性角色，没有实际权力，只是国家的象征。议会是英国政治的中心舞台，它是最高立法机关，政府就是从议会中产生的，并对其负责。英国的议会为两院制，由上议院和下议院组成。英国首相一般情况下由英国议会下议院的多数党党魁或执政联盟的首领自动成为首相人选，人选经国王/女王任命后正式成为首相。本单元主要探讨以上方面的内容。”学习任务的发布可让学生提前了解单元的体系和框架，实现学习信息、任务通知等贯穿于教学流程，从而使整个教学周期更加清晰明确、结构分明，使信息传达更加及时到位。同时，学生可以通过“公告”查看、上传学习任务。在操作中，教师和学生之间能够进行更多的交互和沟通。

呈现设计二，教师在“讨论区”板块向学生发送英国君主立宪制、宪法、义会、英国政府、英国两党制、英国司法等与“英国的政治制度”有关的阅读材料和相关网站链接供学生自学。同时，教师发布课前思考问题及具体要求：“‘Pros and Cons-What′s your idea?’Since the queen has lost her real power, many people are asking for abolishing the Monarchy in Great Britain. What′s your point of view? Please search the information about royal family and People′s attitude toward them on the internet and write down your opinion about Monarchy. Your opinion is supposed to be more than 50 words and submitted online before this Sunday.”此环节的设计能鼓励学生通过网络资源查找等方式，了解英国皇室、君主立宪制以及英国群众对该制度的看法。一方面，学生在线搜索英文资料的过程也是一种英语语言输入的过程，能够提升他们的阅读量和阅读速度；另一方面，他们在教学平台表达看法的过程也是英语写作输出的过程，有效锻炼了他们的语言输出技能。

呈现设计三，学生上传作业，并由其小组成员进行小组讨论点评。以下是学生对英国君主立宪制的观点及小组评论举例。

学生观点 1:I don't think the Monarchy should be abolished. First of all, the Monarchy is a treasure leaving over from history. It was inherited for thousand years and until today, it has made a profound influence on not only the British but also people around the world. It is now an important symbol of Britain. Secondly, the Queen has many political experiences and thus can offer suggestions to the prime minister. In a word, the Monarchy plays a vital role in British and it shouldn't be abolished. Although supporting her and her family's lives may cost a lot, it needn't that much money compared with other government expenses.

小组评论 1:Thanks for your opinion which is clear, comprehensive and complete. You don't think the Monarchy should be abolished and listed two reasons. Firstly, the Monarchy is a treasure left over from history. Secondly, the Queen is useful for the prime minister. They are good reasons. It shows that you have collected much information about the British Queen.

学生观点 2:I disapprove the abolishment of monarchy. The constitutional monarchy is the product of a compromise between the king and the revolutionaries three hundred years ago. It is a permanent political compact, an eternal transfer of autocratic power from the king, in return for the revolutionaries' guarantee of permanent high position and great wealth and a few privileges for the royal family. To abolish the constitutional monarchy, parliament would have to pass a law, which would be a breach of contract. If parliament breaks its promise, the Sovereign can break his/hers as well. The existence of a monarch has become such a culture that even the national anthem of Britain is "God Save the Queen". Britain is a time-honored and conservative country; therefore by its very nature it will not easily abandon long-established institutions. Moreover, British Monarch is a symbol of international and ethnic unity whose prestige and appeal can strengthen the unity and patriotism of the whole nation and guarantee the long-term development of Britain. Additionally, as the supervisor of those with real power, the Monarch exists for right reasons. With the highest political status, the Monarch can supervise and deter those who hold actual power, which is conductive to improving political efficiency and guarantee political integrity. Finally, the Monarch of the UK represents the national image and plays a certain role in political life. He/she is responsible for the ceremonial work while the parliament and the cabinet do the practical one. There is a clear division of lab our and the cooperation has been lasting for so long, thus rendering less necessity for a sudden change.

小组评论 2: This is a good argumentation with a clear writing purpose which shows your disagreement on the abolishing of the monarchy. You gave three reasons which are well organized. The first reason is " the constitutional monarchy is the product of a compromise between the king and the revolutionaries". The second reason is "British Monarch is a symbol of national and ethnic unity". The third reason is " the Monarch can supervise and deter those who hold actual power". These reasons strongly support your point of view. What's more, your writing has clear structure and the language is properly used.

呈现设计四,在接收到学生的作业以后,教师通过在线评审的方式提前审阅课前任务并发现作业中存在的问题。同时,挑选出了几份优秀、良好、合格的作业并对其进行点评(良好、合格的作业以匿名的方式上传)，同时发布至在线平台供学生们赏析。学生并不需要学习、评价所有被教师挑选出来的作业，他们可以根据自己的水平自主选择。如此，从“完成作业”到“上传作业”再到“学习他人作业”，学生在线上完成了一次完整的训练与解答的过程，实现了在线下课时之外学习的自主。

教师评价 1：Dear Lin, you did a good job sharing your ideas with us. What you have said makes sense, because the Monarchy is a real treasure for all the people in Great Britain. She, an elegant, well-educated and sophisticated lady has been an indispensable part of the British culture. It is the Queen who makes British more special among the countries. Besides, the Queen and her royal family have already become part of British lives. They have long been the focus of the public, and are an important topic in daily communication. Your language is clear and concise expect some grammar and spelling mistakes, such as "the Monarchy is a treasure leaving over from history" which should be "the Monarchy is a treasure left over from history", "the Queen has many political experiences" which should be "the Queen has much political experience". Would you please pay attention to your grammar in the next homework? Thank you!

教师评价 2：Dear Haodian, thanks for handing in the homework on time. You did a good job expressing your point of view! You are in favor of the idea to abolish the monarchy and gave us good reasons. Your answer makes me think of a question: Britain is one of the most conservative countries in the world, so why should people need a monarchy nowadays? The monarchy hinders the modernization of the society, creates social and class divisions, and costs a bunch of money. Most importantly, even though the queen is head of state, she does not have any real power herself, but most prerogative powers are owned by the people and the ministers. This feudal system is outdated and abolishing it will make British people live in a more modern and democratic society. So based on these reasons, the monarchy should no longer exist. Your writing purpose is clear and the structure is well designed. However, there are some improper expressions, for example, in "Moreover, British Monarch is a symbol of international and ethnic unity", the word "international" should be replaced by "national". Please pay attention to these expression problems in your writing. Thank you.

呈现设计五，在课内，教师在中国大学 MOOC 平台上的“讨论区”发布讨论主题，要求学生基于课前收集的信息，从英国的政治体系、英国皇室的历史、英国的经济和文化等方面对问题“Since the queen has lost her real power, many people are asking for abolishing the Monarchy in Great Britain. What's your point of view?”进行讨论。

呈现设计六，学生就以上问题进行随堂小组讨论，并将在讨论过程中形成的总结以小组为单位上传至 MOOC 平台的“讨论区”。这样做一方面能方便学习轨迹的记录，另一方面又有利于讨论结果的共享。学生可以自由查看其他小组的交流结果，既节省了课堂的汇报时间，又共享了学习资源。以下是部分同学在讨论区里的发言，可以看出，通过资源的查找和同学之间的交流，学生们已经能够对英国皇室制度提出自己的见解和看法。

学生观点 1：I don't think the Monarchy should be abolish. First of all, the Monarchy is a treasure left over from history. It was inheritated for thousand years and until today, it has made a profound influence on not only the British but also people around the world. It is now an important symbol of Britain. Secondly, the Queen has much political experience and thus can offer suggestions to the prime minister. In a word, the Monarchy plays an vital role in British and it shouldn't be abolished.

学生观点 2:1 think the queen shouldn't be abolished, because as the head of state of the United Kingdom, the Queen of the United Kingdom has no actual power, and she is also easy to hold a neutral position in political affairs. In this way, the Queen has become a symbol of peace, a symbol of British tradition and culture, and a perfect balance of royal power and prime minister power within the British institutional system. In addition, the Queen of England is the head of the Church of England and the guardian of the religious tradition of the United Kingdom, which is important for maintaining the national unity.

学生观点 3:I think monarchy should be abolished. At present, most countries in the world have implemented republican system, and the monarchy has increasingly become a symbol of conservatism and isolation, which is no longer in line with the trend of the times. In addition, 40 million pounds of the tax paid by the British people every year is used for royal expenses. For example, the King's birthday, marriage and so on, the British government also sets aside special funds for celebrations. Adding in hidden costs, such as the royal family's occupation of state land and rent for palaces, the government actually spends £334 million a year feeding the royal family. If the monarchy were abolished, all these costs would be saved and the British people would not have to pay much tax.

学生观点 4:1 don't think it's a good idea to abolish Monarchy.

The Queen of England represents the United Kingdom. The Monarch undertakes constitutional and representational duties which have developed over one thousand years of history. In addition to these State duties, The Monarch has a less formal role as Head of Nation. The Sovereign acts as a focus for national identity, unity and pride; gives a sense of stability and continuity; officially recognizes success and excellence; and supports the ideal of voluntary service.

学生观点 5: Constitutional monarchy is conducive to the development of British capitalism. The power of monarchy is endowed by law and strictly restricted by law. Because of the restriction of the monarch, the rights and interests of different groups of the bourgeoisie can be peacefully realized in parliament, which is conducive to avoiding violent conflicts. But in a sense, it was the product of compromise between the bourgeoisie and the old and the new aristocracy, retaining some feudal remnants. So I don't agree with constitutional monarchy. However, in Britain, their reform is gradual and relatively moderate, and constitutional monarchy is inevitable under this development. Besides, the queen of England not only has a high status in the hearts of the British people, but also is a symbol of national unity: the queen of England is not only the monarch of Britain, but also the monarch of the member states of the Commonwealth. So I don't think it's advisable to abolish the queen.

学生观点 6: In my opinion, the Queen has been an indispensable part of the British culture. It is the Queen who makes British more special among the countries. She is elegant, well-educated and sophisticated. Her lives and families have long been the focus of the public, and are an important topic in daily communication. Although supporting her and her family's lives may cost a lot, it needn't that much money compared with other government expenses. Moreover, the Queen already has become part of British lives.

学生观点 7: The monarchy was due to the fact that the capitalist economy of Britain had not yet been fully developed during the bourgeois revolution in Britain, the economic and political forces we're not strong enough, and there was certain weaknesses and compromises. Therefore, the monarchy was the traditional representative of Britain, and Britain needed spiritual symbols at that time. Moreover, the queen symbolizes Britain externally, and internally stabilizes the people, strengthens national unity, and abolishes the monarchy will arouse public outrage.

学生观点 8: I hold the belief that the Monarchy in the UK cannot be abolished. Today, the UK is a country with a constitutional monarchy, but it still retains the royal family, and it exists to be able to unite the power of the entire country. The British royal family is now a cultural symbol and a product unique to Britain. It has long been deeply rooted in the hearts of every British person. Although the current British royal family rights may be different from thousands of years ago. The difference, but it is still the supreme supremacy in people's hearts.

学生观点 9: 1 think the Monarchy shouldn't be abolished. Although it costs a lot of money every year, The Sovereign is a symbol of national unity and national unity. It is also a link that holds the Commonwealth together, a useful adviser to the Government, and an extension of national tradition and the life of the people.

学生观点 10: If you change the monarchy, the military system and the government system need to be changed in many deep aspects, which itself is a very costly matter. And the king of England plays a political role in political life. The political activities of the head of state and the country are ceremonial, and allowing parliament and cabinet to run would add to the pressure of work.

学生观点 11:I disagree. The queen of England has some rights. Such as the appointment of prime minister, dissolution of Parliament. etc. And the queen represented the UK in many events. The Queen's etiquette of learning from childhood is well behaved in many diplomatic occasions, which reflects the British appearance to some extent.

呈现设计七,教师在“教学补充资源”区域分享几篇英国社交媒体和英国报纸对英国君主立宪制的评论和报道。这些对于皇室的观点经过教师精心挑选,客观地从英国的政治、英国皇室的历史、英国的文化传承、英国的旅游发展和英国的经济消费等角度剖析了皇室存在的利弊。如此,学生可以通过教师分享的评价,对英国的政治体系有更加深刻、准确的理解。

呈现设计八,基于中国大学 MOOC 平台的学习数据评价。在“英国的政治制度”单元教学开始前,教师会在“公告”模块中发布本单元的评价方式,其目的就在于使学生明晰自身学习行为所带来的影响,促使学生积极参与学习活动。在中国大学 MOOC 平台的“学生成绩管理”“课程数据统计”“学习数据统计”等板块,学生留言评论、发帖投稿的数量,作业提交的次数以及作业是否优秀都被纳入统计。通过平台分析,教师能够对每一个学生的在线学习有一个基本的认识,并据此对学生的表现进行评估。本课程线上的评价包括在线学习时长、微课学习情况、线上作业、在线测试、线上讨论区活跃度。其中:在线学习时长、微课学习情况占 25%;线上作业占 15%;在线测验占 20%;线上讨论区活跃度占 20%;在课程内容全部结束后,会有一次在线考试,占总成绩的20%。

(二)"英语视听说"课程主题单元教学资源呈现形式设计

1."英语视听说"课程的教学目标

"英语视听说"课程的总体教学目标是:其一,提高学生的听说能力,即通过英文短文听写、英语会话、英语短文、英语新闻的听说训练,使其能较好地理解说话者的讲话内容并能自然顺畅地表达自己的意图。其二,通过提供丰富的英美文化知识及中外文化对比资源,培养学生的跨文化交际意识以及对文化差异的敏感性和处理文化差异的灵活性,以适应日益频繁的国际交流的需要。其三,通过合作学习培养学生的团队精神、交流能力和思辨能力。

"英语视听说"课程的具体课程目标分为三个方面:①听力理解能力:能听懂一般性英语谈话和一般性题材英语讲座;能基本听懂慢速英语,并掌握其中心大意、要点和有关细节;能运用基本的听力技巧帮助理解英文会话。②口语表达能力:能运用英语进行简单交流,并能就某一主题进行讨论,做到表达清晰,语音、语调正确。③跨文化交际能力:通过提供丰富的英美文化知识及中外文化对比资源,培养学生的跨文化交际意识以及对文化差异的敏感性和处理文化差异的灵活性。综上,这三个目标旨在培养学生的英语综合应用能力,增强其自主学习能力,帮助他们打下坚实的专业基础,使他们在今后工作和社会交往中能听懂并理解英文语篇及对话,并且能用英语准确、流利地进行口头和书面的信息交流。

2."英语视听说"课程"Vacation Arrangement"主题单元内容

我们选取的单元主题是Unit 10"Vacation Arrangement"。这个单元的教学内容主要包括三个部分。①三个英文视频:Xin在美国学习开车,Xin在美国学校教授暑期课程,Bill参加中文语言课程。

②两则英文听力：美国大学生的暑假和黄石公园旅游记。③英文口语练习：一趟有趣的旅行。（Watching：Video 1-Xin Learns How to Drive；Video 2-Xin Has to Teach in the Summer Session；video 3—Bill Takes a Chinese Course. Listening：Passage 1—Summer vacation for University Students；Passage 2—Camping Trip to Yellowstone. Speaking：Interesting Trip）。其中，口语练习是本单元学习的重点和难点。

3.基于网络教学平台的“英语视听说”课程教学目标实现途径

为了实现课程目标，我们结合信息技术对教学方法进行了设计。对于具体课程目标①中的听力理解训练，我们采用课堂授课教学以及在线微课的学习方式，并结合网络教学平台上美国驾照考试、美国大学生暑期生活、美国黄石公园等相关视听材料，培养学生的英语听力能力；对于具体课程目标②，我们同样利用网络教学平台进行口语作业的上传及评价；对于具体课程目标③，我们采用课堂讨论的形式，并结合网络教学平台中关于美国相关文化习俗的阅读训练以及口语、视听说训练，培养学生正确分析有关英美国家问题的能力。同时，通过与中国文化的比较了解中美文化的差异，提升学生的跨文化交际能力。

4.“Vacation Arrangement”主题单元教学资源呈现形式设计

呈现设计一，教师在网络教学平台中的“公告”板块发布“Vacation Arrangement”的单元学习目标及学习任务。教师通过在“公告”板块提前发布学习任务可以使学生全面了解本单元的教学目标、教学内容、教学的重点和难点，可以将自己的学习情况随时与线上的任务和标准进行比对，以便实时了解学习的进展和达成情况。

呈现设计二，教师通过微课的形式录制本单元的重点单词及其发音，重点短语、句型及其使用要点，并将视频上传至“讨论区”板块，同时，搜集与本单元相关的文化知识视频和文字材料——“美国大学生的暑假”“美国黄石公园”（具体内容详见表4-3），同样上传至“讨论区”，要求学生在课前学习微课视频，掌握单词的发音、短语和句型的使用等。教师还发布了第二项课前任务和要求，即课前口语预练：“P1ease choose one of the most interesting trip you have ever had and talk about why you like it. Your oral practice is supposed to be more than 2mins and needs to be recorded by phone or other digital devices. Please submit it online before this Friday. The score will be given based on the content, the language, the fluency, the accuracy, and the length of your video.”

本环节的设计使学生通过网络平台获取单元的语言知识点，让他们在课前完成单词、短语、句型方面的自学任务，这不但节省了课堂时间，也提高了学习的效率。学生可以根据自身的需求，通过视频暂停、快进、回放等功能反复学习微课中的语言点，进行更加灵活、机动的学习。同时，学生的学习方式也能够从传统的被动式集中制学习转变成主动式个性化学习，他们可以根据自己的水平和进度按需选取学习内容、按需选择学习进度、按需安排学习时间，这极大地提升了其英语学习的自主能动性。另外，“讨论区”板块的第二项课前任务“口语预练”要求学生通过录制视频并上传的方式完成，这种方式突破了传统英语视听说教学课堂人数的限制，能够有效释放课堂时间，让每一个学生都能获得更多的英语输出和口语锻炼的机会。同时，学生在录制视频的过程中可以看到自身的不足并及时改正。在作业评价方面，学生也能够在网络平台收到教师及时、个性化的反馈和回复。

表 4-3 “讨论区”板块发布的课前学习任务举例

语言知识点	词汇及例句	① steering wheel (e. g. Hold the steeling wheel tightly when you have a car accident.) ② gear(e. g. The gears on a machine or vehicle can change the rate at which energy is changed into motion.) ③pedal (e. g. You can press with your foot on a pedal in order to control the car.) ④haul (e. g. They grab Jake and haul him to his feet.) ⑤ distracted (e. g. When working, one should concentrate and not allow oneself to be distracted.) ⑥disrespect(e. g. l don't mean this as a disrespect to others injured, but that pilot is a hero.) ⑦menial (e. g. Younger employees and those with more menial jobs were also more prone to boredom.)
	短语	①get the hang of(e. g. lt requires a steady hand but it's addictive once you get the hang of it.) ②do sth. standing on one's head(e. g. He's able to count backward standing on his head. /Don't worry about that. I can do it standing on my head.) ③bother oneself about(e. g. Don't bother yourself about cloning my pet cat. I won't expect to bring it back to life) ④give(sb.)a hand(e. g. These books are too heavy for me to carry. I'II give you a hand.)

续表

<table>
<tr><td rowspan="2">文化知识</td><td>文化注释</td><td>①TA：It refers to teaching assistant. Some universities in the US employ large numbers of teaching assistants, who teach undergraduate course while completing their doctoral degree programs.
②ABC：It refers to American born Chinese.
③There is the smell of the fresh baked cookies and scented candles in their home：The Bible says that Mary had trouble finding shelter the night Jesus was born. So on Christmas Eve, some people light candles in the window. The candles symbolize a welcome to cold and weary travelers.</td></tr>
<tr><td>文化背景</td><td>Camping Trip to Yellowstone
The world' s first national park, Yellowstone, is the vacation destination of approximately three million tourists a year, and most of them come in the summer, not only from America, but from all over the world. Yellowstone is located in the northwestern corner of Wyoming, the middle of the Rocky Mountains in the United States.
While hotel accommodations are available in the park, many people still choose the old fashioned way-they camp in a tent. Yellowstone is high in the mountains. Even in summer the temperatures often get below freezing at night. Each camper should have a warm sleeping bag, as well as a warm jacket. It will feel good in the morning. During the days, however, it gets quite warm. Campers need to adapt to changing weather conditions that range from heat to cold, rain to snow. Because of the high elevation, good sunscreen is a wise investment. The thin air can cause major sunburn.
Yellowstone has natural wonders that defy imagination. Hot springs or geysers bubble up to the surface. High mountains thrill you with their majesty. Everywhere you look there is wildlife. More elusive but most fascinating are the bears. They are beautiful yet dangerous. Keep your distance !</td></tr>
</table>

呈现设计三，学生上传录制的口语视频“An Interesting Trip”，同时其小组成员对视频作业进行评价。以下是某学生的口语练习文本及小组点评：

A Student's Oral Practice

An Interesting Trip

Last month, I went to Shenzhen by myself. It's one of the best city I visited in China. It made a deep impression of me. The sky is blue. Trees and grass are green and people are vigorous. I began to like it as soon as I stepped on the earth of this city. Shenzhen is a modern city. More and more young people go there to work and live. They make great contribution on the city development. There is many scenic spots which I went. There's a place which is called China, the Magnificent. It's the largest and richest miniature scenery park in the world. The park shows nearly 100 China's most famous cultural and natural attractions. The park is design and constructed by expert. Actually, when you are visiting this place, it's like that you are finishing your tour around China in one day. It was really amazing.

Peer's comments:

(1) There are some grammar mistakes, such as " a deep impression of me" "The park is design and constructed by expert".

(2) I didn't feel it is very interesting.

呈现设计四，教师通过网络平台，从语篇结构、表达主题、语法错误、语言使用等方面审阅学生的课前预练以及同伴点评。同时，挑选出几份具有典型问题的作业进行详批并以匿名的形式上传至讨论区供所有学生评析。在这个环节，学生不仅可以及时获得教师对学习任务的反馈，还能够通过网络共享查看其他同学的作业情况和班级整体的口语水平，从而通过对比了解自己的长处和不足，以便持续改进。教师的点评如下：

Teacher's comments：

Dear Linli and Group 4, thanks for your oral homework and comments. You did a good job telling us about your trip with fluent language, accurate pronunciation and proper gesture. However, there are some shortcomings in your speaking. Firstly, please avoid making too many grammar mistakes. For example, "They make great contribution on the city development" is supposed to be "They make great contributions to the development of the city". Secondly, you described the park very well but failed to show us how interesting the trip was. So please focus on the topic next time. I will explain more details and speaking principles in the class.

呈现设计五，在课内，教师首先完成课前单词、短语、句型的检查，在"在线测试"板块发布语言知识的随堂测验。通过信息技术手段，学生能够在提交答案后实时看到自己的错误和成绩，以便及时改正。随后，教师在"讨论区"发布"An Interesting Trip"话题的口语表达技巧和学习要点。并引领全班，围绕六个问题对几名同学的课前预练进行详细点评和讨论：

①该语篇的表达目的？(What is the purpose of this speaking?)

②根据说话目的，表达中应包括哪些内容？它的语义结构如何？(What are the semantic elements in the speaking?)

③各语义结构的口语描述是否详细到位？(Whether the description in the speaking is detailed or not?)

④交谈双方是什么关系？(What is the relationship between the speaker and the listener?)

⑤根据交谈双方的关系，口语表达应使用怎么样的语言？(What are the language features in the speaking?)

⑥口语表达是否流畅？有无发音、语法错误？(Is the speaking

fluent? Is there any pronunciation or grammar mistake?)

与传统集体形式的教学不同，网络教学平台共享课程资源的方式能够使学习更加自由化。学生不再需要紧跟教师的步伐，与其他同学同步学习同样的内容。相反，他们可以各取所需，自由地选择适合自己水平和认知能力的内容。比如，对于已经掌握或者难度相对较低的知识点，他们可以选择省略，而对于难点和重点，他们可以停留、回看、反复学习。

呈现设计六，在经过小组讨论后，学生根据“An Interesting Trip”口语话题的表达要领和技巧，在“讨论区”留言，发表自己的看法和见解。这个环节的设计可以使所有学生的评论被网络共享，促进了互相学习、取长补短的学习方式。同时，网络平台可以准确地记录学生的评论和发言，使他们随时随地掌握、查看自己的学习轨迹。

呈现设计七，教师运用教学平台对于学习数据的各项统计功能，进行成绩的评价。

以上教学资源呈现的设计利用了网络教学平台，以线上、线下相结合的方式开展。一方面，学生借助网络学习平台进行查看、收藏、发帖、对话等各种操作，这个过程使更多的交互和沟通得以发生，它为自主学习、探究学习、合作学习创造了条件。另一方面，教师在教学任务进行的过程中，将课务信息、任务通知、相关评价发布至在线平台，从而使学生及时、清晰地了解整个教学流程和环节。通过线上教学，更多的课堂时间得到解放，教师的活动设计也变得更加多元丰富。教师通过教学资源的推送与辅助使学生在课堂之外独立完成课前预练，并在课堂之上的集体学习中进行进一步的讲解与阐述。另外，教师利用课堂向学生发布教学任务，并利用信息教学技术向学生提供支架，使学生在课下完成自主的探究与交互，并再次利用课堂进行更为深入的展示与评价。在这样的过程中，多种学习方式被有机地组合和运用，极大地丰富了教学活动方式与评价方式，学生的英语语言运用能力也得到了更为多元有效的培养与锻炼。

在英语教与学的过程中，教师和学习者不仅可以利用智能手机作为知识的展示端，也能在网络教学平台中选择相应功能板块对教学内容进行支撑。手机应用学习软件与网络平台的资源相似，学生可以根据学习的进度和自身的水平择优选取最适合的平台和媒介来获取资源。智能手机与网络平台相结合的教学方式更能使课程以生动、丰富、高速的形式开展，并能使知识的整合更加方便、快捷、高效，从而有效提升英语教学的质量和效率。

第五章

信息化背景下的现代信息技术与英语教学模式

第一节　大学英语动态分层教学模式

随着新课改的不断推行，信息技术与高等院校教学的联合应用越来越普及。信息技术为大学英语教学模式提供更多的机遇，再加上与动态分层教学模式的联合应用，可以提升大学英语的教学效果和教学效率，对我国大学英语教学模式的改革和创新具有重大的意义。

一、动态分层教学模式的概念及原理

动态分层教学模式就是以学生的学习情况、性格特征及学习能力为基础，将学生分成两个或多个英语水平差异较小的群体，然后英语教师根据群体中学生的英语学习能力布置教学任务，并以成绩为参照标准对学生进行科学的评价。这种教学模式能够满足学生的各项需求，让学生在英语学习中获得更多机会，提高学生对知识点的理解能力。动态分层教学模式主要将教学分为两种教学层次，分别是显性教学层次和隐性教学层次。显性教学层次是以某个公开的标准进行排序并开展教学的，没有班级的限制。而隐性教学层次主要开展于班级教学中，有助于教师开展个性化教学。在信息技术的支持

下，大学英语分层教学已经呈现了一种新的教学趋势，弥补了传统教学模式的不足，最大限度地减少学生差异化对教学质量的影响。

动态分层教学模式的原理主要有三个：一是成败原理。俗话说：不论黑猫还是白猫，能抓耗子的就是好猫。这种理论同样适用于高等院校的教育事业中，当学生成功处理难度较大的问题后，往往会期待对难度更大的问题进行探究；当学生长时间找不到问题的解决方法时，就会失去信心，继而产生较强烈的厌学现象。二是因材施教。我国著名的教育学家孔子和思想学家韩愈曾主张对学生进行针对性教学，即因材施教。这种教学原理可以鉴别学生的综合素养，有计划、有目的地开展教学活动，继而提升大学的教学质量。教师在教学过程中，不能以同一个标准要求个体差异较大的学生，要根据学生的能力和学习情况开展教学计划，这也成为我国现阶段高等院校教学改革的重点要求。三是以人为本。传统的教学模式多以“填鸭式”教学为主，过于突出教师的教学地位，忽视了学生是教学中的主体。动态分层教学模式正好可以弥补传统教学模式的不足，将主体地位交还给学生，教学开展的所有活动都以学生为原点，激活学生的主动性。教师在教学过程中，应该以观察者的身份监督学生的学习状态，满足学生对教学的个性化需求；深度挖掘学生的学习潜能，对学生三观的形成进行正确的引导，以科学的手段提升学生学习大学英语的积极性，并锻炼学生的创造能力和思维能力。

二、大学英语在信息技术环境下的动态分层教学探究

(一)大学英语动态分层教学模式与信息技术融合的必要性

在信息技术构建的环境下，大学英语教学模式不断完善和突破，不再以教师的纯板书讲授为主，形成了新的教学模式。这种教学模式以信息技术为支撑，将枯燥、无味的教学知识以多样化的形式展现出来，如图片、文字、声音和录像等，为学生创造了一个良好的学习环

境，增加了语境的真实感，吸引了学生的注意力，提升了学生对大学英语的学习兴趣。信息技术和动态分层教学模式的融合，丰富了大学英语“听、说、读、写”四个主要模块的教学资源，为教师的多样化教学提供了便利。例如，教师在开展听力教学时，可供学习的听力材料有《大学生体验式英语教材》《新概念大学英语教材》《大学英语听说训练教材》等，增加了教师的选择难度。将动态分层教学模式加入听力教学后，教师可以根据学生近期的听力成绩，在信息技术环境下根据推荐选择适合学生学习的听力教材。学生根据自己的学习兴趣选择适合的学习资源，最大限度地开发自身的听力潜能。而且，信息技术可以为教师提供一个管理学生学习情况的平台，方便教师根据学生的学习现状建立档案并更新，为后期开展评价奠定基础。

（二）教学内容的动态分层

教师需要“吃透”现有的大学英语教材，以教学大纲为辅助制订各个层面的教学目标，再将教材中的主要内容进行动态分层教学。例如，当教师开展听力教学时，学校提供的教材为《大学英语听说训练》（第三版）。这本书中的听力训练内容安排比较科学，难度由浅到深。每个单元都由技巧练习、语言练习、口语练习和听力延伸训练四个模块组成。其中技巧练习涉及的内容较简单，包含两个模块，可以对学生的听力技巧和交际口语分别进行训练；语言练习需要学生对两个篇幅较短的文章进行理解，锻炼学生对知识点的掌控能力；口语练习是以上述文章的内容和日常交际用语为基础开展的；听力延伸训练是难度较大的课堂听力练习。教师在应用这个教材开展课堂听力训练时，需要以学生的学习能力为基础进行分层式动态教学，以成绩为参考标准将学生分为A、B、C三个层次。对于英语基础较差且学习能力较差的A组学生应该要求其完成技巧练习和语言练习，将口语练习作为延伸教学内容；对于英语基础一般且学习能力一般的B组学生应该要求其完成前三项练习，将听力延伸训练作为延伸教学内容；对于英语基础较好且学习能力较强的C组同学应该要求其完成四项练习。长此以往下去，A组同学积累的基础知识点越来越多，当其能够自主完成口语练习的相关训练内容时，即可升为B组成员。而且教师需要在信息技术环境下开展上述四部分教学活动，最大限度地激发学生的学习潜能，将复杂的语法知识以多种多样的形式刻画在学生的头脑中。学生在阶段性学习的过程中，获得极大的满足感，英语综合应用能力得到极大提高。

（三）以学生为主体的动态分层

上面已经对学生的动态分层进行举例说明，就是根据学生的能力水平和学习需求进行分层教学。但这种分层模式并不是一直不变的，需要教师定期进行考核，不断调整各个教学层次中的人员。需要注意的是，由于大学生的荣辱心、攀比心较强，教师应尽可能地弱化这种层次编排，只将其作为自身教学时的参考标准，不要在班级中大肆宣扬。这不仅可以保障教师正常的教学，还可以对学生形成一种特殊的保护，防止大学生出现“破罐子破摔”的不理智学习行为。

（四）作业布置的动态分层

作业的完成情况是教师评判学生学习情况的重要参考标准，也可以对学生学习到的知识点进行巩固和训练。因此，教师在开展动态分层作业布置时需要利用信息技术中丰富的教学资源，提升教师的教学质量和教学效率。例如，在开展大学英语写作训练时，教师可以“春天”为主题，根据学生的学习层次，以信息技术为写作环境，布置相应的写作训练作业。学生在完成写作后，发送邮件到老师的邮箱中，提高老师的批改效率。

（五）评价机制的动态分层

评价机制在大学英语教学中占有非常重要的位置，它既可以让学生在相互交流评价中改正自身的缺点，还可以为学生学习大学英语获取新的思路。通常分为两种评价形式：一是形成性评价机制，需要参考学生的课堂状态、出勤情况及作业分数等，综合性较强；二是终结性评价机制，以学生的考试成绩为主。其中第一种评价机制常应用于大学英语教学过程中。例如，在对学生的作文进行批改时，教师在信息技术环境下让同层次的学生进行无定向相互批改，并让学生根据评价建议完善作文，实现共同进步的理想化教学。

综上所述，想要大学英语取得理想的教学成绩，就必须以学生的实际情况和教学进度作为基础开展动态分层教学，创新教学模式，并以信息技术为辅助，提升大学英语与学生、老师的需求契合度。但在开展隐性分层教学时不宜让学生知晓，防止学生出现自卑心理，弱化教学效果。

第二节　大学英语课堂互动模式

信息技术的快速发展为现代课堂教育互动模式的变革和创新提供了机遇，顺应了教学改革的要求，符合科技全球化形势对人才全方面培养的需求。本节将重点探索信息技术支撑下如何增强大学英语课堂互动教学效果，提高学生的学习兴趣。

一、信息技术对大学英语课堂互动的作用

随着互联网以及科学技术的发展，越来越多的大学英语课堂教学模式走进大学校园，这对于促进大学英语教学改革有着非常重要的作用。信息技术的发展带动我们进入了“信息时代”，这不仅改变了我们生活和学习的方式，同时还给教育领域带来很大的发展机遇。信息是我们时时刻刻都在接触的资源，而如何将这些资源合理地应用到大学英语课堂互动环节，这是个值得深入研究的问题。

信息技术能够打破传统的大学英语教学模式，能够极大地促进大学英语课堂互动环节的发展。由于学生自身性格以及授课教师授课方式的不合理，大学英语课堂互动环节往往被忽视。而互动是个非常重要的、能够促进师生之间交流的环节，所以应该重视信息技术在大学英语课堂互动环节的作用。信息技术支撑下的课堂互动能够将文本、图像、视频以及动画等工具合理地结合起来，从而最大化地实现师生在课堂上的互动效果。尤其是网络信息技术的快速发展，促使教师和学生的互动不再受时间和空间的限制，可以随时随地地进行沟通交流，为学生自主学习提供了更多便利。新的交流互动模式也使学习内容更灵活，实用性更强，将知识的趣味性和科学性相结合，大大提高了学生的学习兴趣，英语不再是一门应付考试的功课，而变成了学生交流和沟通的一种语言，使学生们的学习态度大大改观。

二、信息技术支撑下的大学英语课堂互动模式

信息技术支撑下的大学英语课堂互动模式要充分利用先进技术，改变课堂教学模式，突破课堂教学的单一、死板，使课堂互动变得灵活，促进师生、生生之间的交流合作。教师应主要从以下几个方面进行大学英语课堂互动模式的创新。

(1)教学方式灵活多变，突出个性化

运用先进的信息技术，可以方便学生根据自身的特点和认知规律进行自主学习，并可突出教学内容的个性化和多样化。利用多媒体的交互性，教师可以改变教学模式，制订好教学目标，将计算机作为教学工具，设计综合性较强的任务活动，让学生充分参与其中，给予学生分组学习和自主学习的机会，鼓励学生自主交流，从语境、语义、环境模拟等方面提高英语水平。还可以利用计算机进行人机交互练习，更能方便学生进行自主学习。学生根据自己的学习进度和

知识掌握程度，完成学习目标，自己掌握学习进程，不受时间和空间的影响，方便自身查漏补缺。

(2)利用信息技术提高学习效率

通过利用信息技术，达到大学英语课堂教学环境模拟的情境化，提高学习效率。情境教学是大学英语课堂互动常用的一种有效的教学模式，通过情景模拟和情境演练等，帮助学生理解抽象概念、提高口语表达能力和学习兴趣。教师可通过多媒体信息技术模拟有趣的声音、展现生动的画面和创造仿真声音等，使教学情境更加真实，使学生的记忆更加深刻，寓教于乐，达到良好的教学效果。

(3)教学媒介的多样化

丰富的网络教学资源使课堂互动教学突破时间和空间的限制，促使教学媒介的多样化。学生可以通过网络教室、多媒体互动平台以及自媒体平台等多种媒介，进行师生、生生互动交流。学生可以利用互联网查阅英语资料和文献、练习口语、提高阅读能力，还可以通过网上交流、影音资料、视听学习等与更多的英语学习者和爱好者进行交流和讨论，把英语学习当成乐趣。教师也可以利用自媒体等开设交流群和互动空间，打破学习的时间与空间限制，使学生交流和学习可以随时随地进行，教师也可以随时给予学生指导，帮助学生学习解决难题，增强学习效果。

(4)考核方式和评价体系的人性化

信息技术的广泛应用，改变了传统的考核模式，为教师对学生进行一对一考核提供了方便，同时教师可以对每个学生进行及时的评价，帮助学生找出学习的不足，掌握学生的学习进度和状态，及时帮助学生调整学习态度和方式。同时还可以实现学生之间、教师之间、师生之间的网上互评，通过互联网大数据分析等，了解学生的局部和整体状态，使教学评价更加客观，也为英语课程教学改革提供了依据。

信息技术支撑下的大学英语课堂互动模式对于提高大学英语课堂教学质量、唤醒学生听课热情具有十分重要的意义。对该过程进行研究不仅能够让人们能够更清楚地认识到信息技术对大学英语课堂互动环节的重要性，还能够为进一步完善该过程提供理论指导。

第三节　英语专业笔译教学模式

一、传统英语专业笔译教学存在的问题

总的来看，传统笔译教学主要存在以下几个突出问题。

第一，认知误区。目前有些教师和学生对笔译教学仍存在一些认知上的不足。一方面，有些翻译教师认为语言能力的培养不属于翻译课的教学目标，翻译教师只负责翻译教学，不负责教学翻译（即通过翻译学习语言）；另一方面，学生对翻译课存在不合理的预期，以为只要在课堂上学习一些翻译技巧，就能成为合格的翻译者。

第二，课程设置不合理。整体上，笔译课程设置薄弱，课型单一，课时偏少。由于师资、课程认知、课程设置等诸方面原因，很多高校要么只开设一个学期的笔译课程，要么将笔译与口译或其他翻译课程混合起来教学。这就使得笔译教学时间非常有限，学生缺乏足够的翻译实践训练来进一步提升翻译理论和技巧，也不能对翻译课程有一个系统的认识。

第三，教学模式单一。课程设置不合理进一步造成翻译教学的单一性，具体表现为教材单一、教学方法单一和测试手段单一。在教材方面，笔译教材建设明显滞后，难以满足和适应当今社会对翻译的需求。在教学方法方面，大部分高校笔译课堂仍遵循传统的教学方法，即教师讲解-学生练习-教师批改-课堂讲评。教师往往指定一本出版物为教材，辅以自选材料或翻译练习。在测试手段上，无论是测试题型、考试内容，还是评分方式也呈现单一性，这也不能客观地考

评学生真实的翻译水平和能力。

第四,教学互动不足。传统笔译课堂的社会界限明确,教师是课堂的指挥者和操纵者,而学生只是被动的参与者和知识接受者。在这种角色模式中,作为学生学习活动的唯一评判者,教师自始至终占主导地位。学生间、师生间的互动通常是在练习完成之后,由教师讲评使学生之间很难进行适时的交流和学习,教师也无法了解学生在表达过程中所遇到的困难,并提供适时的帮助。

二、信息技术环境下英语专业笔译教学模式的构建

第一,树立正确的教学目标。杨柳认为,信息素养应是信息化翻译教学的终极目标。所谓信息素养,是指运用现代信息技术检索、分析、选择、加工、利用、创造和传递翻译信息,提高翻译能力,解决翻译实际问题,从而提高个人素养的能力。

PACTE 研究组成员 Allison Beeby 提出了在翻译教学中发展翻译能力的四个主要目标,即培养学生的转换能力、培养学生的语言对比能力、培养学生的语篇对比能力、培养学生的非语言能力。冯全功则认为,翻译能力是一个动态发展的概念,并提出职业能力的概念。他认为,职业翻译能力由历时翻译能力和共时翻译能力两部分组成。其中历时翻译能力是基础性组成部分,具体包括双语知识、文化知识、风格知识和认知能力;而共时翻译能力则是区别性组成部分,主要指在新的社会翻译环境中职业译者所需掌握的能力或必备的素养,如专业领域知识、职业知识、实用翻译理论(技巧)知识、翻译工具(软件)运用能力、信息检索能力、文献编辑能力、基本管理能力、自我评估能力、快速学习能力、团队合作精神、生理和心理承受能力等。Kiraly 认为,翻译能力是指一种"复杂、高度个体化、社会化的进程,由文化、认知以及直觉相互作用形成"。因而,除了基本的翻译技能,信息化笔译教学应注重发展学生的学习能力和学习主体性,具体来说,应以培养学生运用现代信息技术进行检索、分析、选择、存储、利用、

创造和传递翻译信息，解决翻译实际问题的能力作为教学目标。

第二，师生互动、生生互动、人机互动的多维教学环境。杨柳指出，以现代信息技术为支持的多媒体教室、校园局域网或因特网等教学环境具有开放、虚拟和跨越时空的特征，可使丰富的教学资源立体、生动地展现给学生，营造仿真社会情境，并将师生互动、生生互动延伸至课堂外。

不同于传统翻译教学模式，信息化笔译教学模式的显著特征之一是营造了信息化教学环境，并强调学习群体性和交互性。信息技术的应用有利于形成交互的学习氛围，从而实现教师与学生、学生与学生以及人机之间的信息交流。一方面，在信息技术支持下，教师可以充分发挥教具优势，直观、生动地展示和讲解课堂内容；可以随时进行交流，关注学生的整个翻译过程，有目的地引导交流活动，并针对学生在翻译过程中遇到的问题和困难给予及时的帮助指导；可以随时调出学生的译文进行交流展示，使学生获得成功的体验，并激发其学习动机。另一方面，网络环境的自主、互动式的学习氛围有利于学生间的互动，学生可以在网上进行交叉式和自由式的交流合作，如相互发送邮件、聊天等，学生也可以在对方允许的情况下相互调看作业。由于每个学生的认知结构和认知水平不同，学生间的合作互动既能实现相互启发、相互补充，减少学习中的困难，又能增加人际情感交流，激发学生的学习兴趣。可见，信息化笔译教学模式使学生在多媒体的帮助下成为一个或若干个翻译群体，从而有助于翻译知识和技巧的内化，既能有效激发学生学习翻译的兴趣和潜力，又能使学生更深刻地融入翻译实践中，并真正提升翻译能力。

第三，教学内容的转变。知名翻译学者 Douglas Robunson 形象地把当代译者比作电子人，强调今天的翻译无法脱离电脑及网络。因此，除了传统的教学内容，教师应使学生熟练掌握机器翻译软件和网站系统（即计算机辅助翻译，CAT）。与传统的纸质翻译工具相比，自学、记忆功能以及强大的语料库功能都是翻译软件不可比拟的优势，如金山词霸和金山快译、雅信 CATS、中国在线翻译网、华建翻译网、Babylon Pro 翻译家、Web Translator 网页翻译家、Magic Translator 翻译魔法师等翻译软件和网络。同时，双语平行语料库和检索工具也是翻译实践中的重要工作平台。它不仅为某一检索词或短语以及常用结构提供丰富多彩的双语对译样例，也提供了丰富的、可随机提取的一本多译的对照参考。与传统教科书和工具书相比，平行语料库的语料内容广、语料新、语境丰富，而且检索功能强大，有助于揭示双语转换复杂而丰富的对应关系，从而提高学生的语言表达能力，促进语言学习的内化。

因此，在翻译教学活动中，教师应鼓励学生利用机器翻译软件、机器翻译网站、双语平行语料库等工具进行自主学习，如可向学生介绍利用网络资源开展口译、笔译前背景知识检索和语用实例以及双语词汇收集工作，也可引导学生课下利用网络搜寻与学习内容相关的翻译材料，进行英汉互译，并组织相互交流与评价。这不仅能增强教学内容的丰富性和趣味性，还可达到提高教学效率和教学水平的目的，也为学生未来从事真正的翻译实践活动做好准备。

第四，教学方式从以教师为中心转向以学生为中心。从教师中心向学生中心转变是翻译教学的发展趋势之一，而信息技术的发展则加速了这一趋势，从而逐渐构建“教师主导—学生主体”的新型教学方式。在信息化笔译教学模式中，教师由知识的单向传授者和学生表现的唯一评判者变为学习过程的设计者、协作者、参与者和诊断者，其主导作用主要体现在分析教学需求、确定教学目标、创建教学情境、进行学生分组、课堂讲授、总结评析，从而有效激发学生的学习动机，使其进行自主、协作、探究式的学习。传统笔译课堂教学受学习时间、学习空间、学习资源等诸多因素的限制，学生缺乏学习自主权。而基于计算机和多媒体网络的笔译教学却以信息资源库和虚拟化教学环境为依托，具有信息丰富、时空灵活、覆盖面广、信息可保存等显著特点。

因而，自主学习成为信息化笔译教学模式的重要组成部分。教师在利用现代信息化手段设计教学资源、任务和环境等教学要素时，应注重培养学生的自主学习能力。自主学习具有学习内容的可选择性、学习方法的多元性、学习资源的丰富性等特点，它在调动学生的学习主动性以及挖掘和发挥学生潜能方面具有明显优势。但同时还需要认识到，自主学习与课堂教学并不矛盾，它既是现代课堂学习的一种形式，又是课堂教学的必要补充。学生在自主学习中具有选择学习内容的自主权，这并不意味着选择的随意性，学习内容应服务于学习目标的实现，要在老师的指导和建议下进行。这一新型教学模式对教师素质的要求也相应提高。教师不仅要具备较高的专业翻译知识和技能，还要精通信息技术的运用，更要吸收现代教育的新理念。

第五，教学测评。作为检验教学质量的重要途径，测试是教学过程的有机组成部分。传统笔译测试方法采用单一的汉译英、英译汉测试，无法真实、全面地反映整个教学过程和效果。这种翻译评价往往受诸多译文以外因素的影响，如教师的主观判断、经验水平、态度、心情、疲劳程度及时间限制等。然而，以信息网络技术为依托的翻译测评则可在一定程度上消除翻译反馈主观性强的弊端。穆雷指出，科学的翻译测试特征之一是合理评分，尽量使用机辅评分系统。

除译文测评外，网络还可用于学习过程的评价，改变传统的单一终结性教学评价体系，促进形成性考核机制的建立和实施。形成性评价是指依据学生课内外学习活动记录进行评价，包括自评、学生互评、教师评价和小组评价等。由于网络能提供各种智能化的评价方式，学生可随时检测自己的学习情况，教师也能更直观、系统地记录每个学生的课内外翻译学习行为，包括自学、自测、译文发布、讨论、修改、学习进步和困难等，形成个人学习档案。可见，网络环境下的检测不仅能由学生自己掌握，从而有助于消除学生的考试焦虑，而且网络检测的非人性化特征也避免了教师评价的主观性。

面对21世纪这个高度信息化的时代，笔译在翻译内容、翻译过程和翻译方法上都不可避免地采用信息科学和信息技术。信息技术环境下的笔译教学模式的构建不仅实现了现代教学所倡导的以学生为中心、提高学生自主学习能力的教学理念，还为学生创造了更为自由的学习氛围和发展空间，同时也为教师的个性化教学提供了极大的支持。总的来说，在信息化笔译教学模式下，学生通过计算机网络和多媒体技术处理的信息资源库，建立自己的学习平台，在教师的指导下完成学习任务，扩展知识结构。这一自主、互动的教学模式不仅能激发学生的学习主动性，也有利于培养他们主动获取信息和分析问题、解决问题的能力，从而培养出真正适应信息化社会的高层次、应用型、职业化笔译人才。

第四节　大学英语“多元互动”教学模式

在世界经济一体化的时代背景下，我国在贸易、经济和政治方面与国际日益接轨。目前，我国社会迫切需要具有高素质和高水准的综合性人才，培养学生的外语运用能力成为高等院校的关键任务。教学大纲对英语课堂教学提出了新的要求，教师需要将学生语言综合运用能力的培养作为首要教学目标。若要加强对学生英语应用能力的培养，教师则需要转变教学观念，从传统的“以教师为中心”转变为“以学生为中心”，将学生作为教学主体，构建多元互动英语教学模式。

一、大学英语教学模式的“多元互动”性原则

（一）主体性原则

“多元互动”教学模式是师生之间建立的相互作用关系，在此教

学模式之下，教师与学生均为课堂的主体，其中教师为课堂中教的主体，而学生则为学的主体。多元互动教学模式将教师与学生并列为教学课堂的主体，在强调学生主体作用的同时也提到了教师的主导作用。教师作为教学实践中的一员，须最大化地发挥英语教学的作用，认识到学生的个体化特征，充分培养学生的思维能力和创造能力。

（二）互动性原则

互动可分为显性互动和隐性互动，其中隐性互动又可细分为多种互动，在英语教学过程中，各种教学互动形式都是有所关联的。教学组织形式、教学方法、教学内容和教学手段在多元互动教学模式中融为一体，使抽象的英语教学思想转化为可操作的具体教学策略，使学生能够不断适应、判断和实践自己的学习行为，最终实现英语课堂教学的目的。

（三）创新性原则

探究精神是引导学生进行思考和创新的前提，学生对知识进行探究时，才能逐步完成参与、思考、实践和启发的学习过程。在探究精神的引导下，学生的判断思维能力和创新思维能力得以提高，促使学生在英语学习过程中不断超越自我，以取得更好的英语综合运用能力。多元互动教学模式倡导学生进行创新，为提高大学英语课堂教学质量做出贡献。

（四）多层性原则

多层性原则不只是局限于教师与学生之间，还表现在学生与教学信息、教学内容和教学结构方面。在多元互动教学模式中，学生的学习过程并不是单向的认知过程，而是一种学生、教师、设备之间的多向互动行为。多层性的多元互动教学模式以网络为基础，尊重学生的个体化发展，根据因材施教原则满足不同知识层次学生的需求，使每个学生能够积极参与到多元互动教学模式中。

二、"多元互动"教学模式的构建

（一）课堂教学模式为主

从国内目前的教育形式来看，课堂教学仍然是主流授课形式，因此，即使在现代信息技术的冲击下，教师也不可忽视课堂教学的重要作用。若要取得更高的英语教学效率，教师就必须充分利用好课堂教学，为学生建立起良好的学习交流场所，发挥出互动式课堂教学的优势。在自身为主导作用的前提下，教师可借助现代信息技术设施进行针对性的任务布置，如授课前在校内贴上发布与课程相关的内容，使学生能够通过自己的思考和实践完成教学内容，这有利于提高学生的知识创新能力和独立思考能力，充分激发了学生的主观能动性。教师要合理运用现代信息技术，开展小组讨论、集体谈话、案例讨论、角色扮演和自由谈话等教学活动，实现教师与学生、学生与知识、教师与知识等多方面的互动，多元互动教学模式的使用能够有效激发学生学习英语的兴趣，锻炼学生的独立思考能力、问题解决能力和语言运用能力，让学生在教师的引导下成为课堂的主人。

（二）现代信息技术为辅

现代信息技术的使用在很大程度上丰富了英语课堂教学形式，并且激发了学生学习英语的兴趣。交互功能的广泛使用让师生之间的沟通方式得以扩展，同时实现了同步和异步交流，为英语课堂教学提供了多种学习情境，具有多元化、多样化和主动化的特点。学生在学校提供的学习平台下，运用现有场所、资源和设备，在自身认知基础上实现个人英语知识体系的构建。在现代信息设备的帮助下，学生可自主开展学习任务，英语教学不再局限于传统意义的课堂教学，而是在课堂教学的基础上不断引申、加强，实现学生的个性化学习。教师和学生在此教学模式下，不再局限于场所、时间和引导者，可通过网页留言、聊天软件、校内网站和网络论坛等方式进行自由化沟通。多元互动教学模式充分激发了学生的学习兴趣，为教师和学生提供了良好的教学平台，在很大程度上弥补了传统课堂教学的不足，为大学英语教学提供了立体化的教学平台。

（三）课堂教学与现代信息技术的相辅相成

英语教学的主要平台便是课堂教学，它是实现英语知识传授的主要途径，在网络环境下，教师可采用针对性教学辅助课堂教学，通过第二教学课堂的开展实现英语教学活动的多元互动性。课外活动的开展可使学生巩固课堂所学知识，为学生创造实践和运用的机会。此外，课外活动的氛围不同于课堂，相对更为轻松的环境能够让学生自由发挥自身的协作、交际和综合运用能力，在学生英语知识体系的构建上具有积极意义。教师可成立英语学习小组，鼓励学生积极参与，定时举办英语辩论赛、英语写作评比和英语电影赏析活动，让学生能够拥有自由发挥的英语交际平台。通过多元互动教学模式的实施，引导学生自主学习英语，充分激发学生学习英语的兴趣。英语教学的主要目标是学生的“学”，而非教师的“教”。教师在英语教学过程中须充分激发学生的主观能动性，引导学生最大限度地参与英语课堂教学。

在新兴技术发展背景下，传统英语课堂教学已经在教学空间、教学手段、教学时间、教学内容和教学方式方面发生了较大改变，原本冗长、单调的英语课堂教学在现代化教学设备的帮助下得以改善，提高了学生学习英语知识的兴趣，促使学生参与到英语课堂教学中，提高了英语的教学质量。

第五节　大学英语自主学习教学模式

教育部2007年制定的《大学英语课程教学要求》中提出，各高等学校应充分利用现代信息技术，采用基于计算机和课堂的英语教学模式，改变以教师讲授为主的单一教学模式。新的教学模式应以现代信息技术，特别是网络技术为支撑，使英语的教与学可以在一定程度上不受时间和地点的限制，朝着个性化学习和自主学习的方向发展。同时指出，教学模式改革的目的之一是促进学生个性化学习方法的形成和学生自主学习能力的发展。随着我国高等教育的发展及大学英语教学改革的深入，各所高校根据非英语专业学生的实际情况，相应采取了不同的切合本校学生实际的科学、系统及个性化的大学英语教学模式，并在实践中不断探索和完善。

一、基于现代信息技术的大学英语自主学习教学模式的理论基础

基于现代信息技术的大学英语自主学习教学模式的理论基础是瑞士心理学家皮亚杰的建构主义学习理论。该理论对基于现代信息技术的大学英语教学具有极大影响。在学习方法上，建构主义理论倡导在教师指导下的以学习者为中心的学习，强调学习者的认知主体作用，同时并不忽视教师的指导作用。该理论“强调以学生为中心，不仅要求学生由外部刺激的被动接受者和知识的灌输对象转变为信息加工的主体、知识意义的主动建构者；而且要求教师要由知识的传授者、灌输者转变为学生主动建构意义的帮助者、促进者。这就意味着教师应当在教学过程中采用全新的教学模式、全新的教学方法和全新的教学设计思想。”以学生为中心的实质就是提倡自主学习，而基于现代信息技术的大学英语自主学习教学模式正是建构主义学习理论和自主学习策略相结合的充分体现。

王笃勤认为，课堂教学有其自身的局限性，大学英语教学“更多地依靠学生课下的自主学习而开展。学生的个性差别也要求学生根据自己的具体情况开展听、说、读、写、译的相应训练”。还指出：“自主学习能力的培养一般是采取策略培养的模式，自主学习能力的培养由认知策略的培养和元认知策略的培养两部分组成。通过认知策略的培养，使学生了解并掌握各种学习策略、技巧，如听的技巧、交际策略、阅读策略、写作技巧、翻译技巧和解题技巧；通过元认知策略的培养，使学生养成制订学习计划、选择学习方式、安排学习任务、监控学习过程、评估任务完成情况的习惯，从而一步步走向自主”。

基于现代信息技术的大学英语自主学习教学模式以网络为支撑，能够充分体现学习者的主体地位，以自主、自发、独立学习为主，是大学英语课堂的外延，也是课堂教学的必要补充。该教学模式在教学和学习过程中能有效调动学习者的积极性、主动性和创造性，更加高效地实现大学英语的教学目标。

二、基于现代信息技术的大学英语自主学习教学模式的构建

黑龙江科技学院实行的基于现代信息技术的大学英语自主学习教学模式是一种课堂教学＋学生网络自学的模式，这种模式包括课堂教学、网络自学和课外活动。需要课堂教学中，教师在充分发挥主导作用，利用课堂教学所用的教材，引导学生掌握听、说、读、写、译的基本知识和技能，体现学生的主体作用，使课堂成为学生展现自己语言才能的舞台。在网络自学中，充分利用多媒体和网络技术，打破传统课堂在时间和空间上的限制，使英语教学和英语学习朝个性化、自主式、自我建构式学习方向发展，给学生创造自主学习环境，培养学生的自主学习能力。课外活动主要指与大学英语相关的课外素质教育活动，如英语角、各种英语技能比赛等，让学生在实践中检验自己的英语综合应用能力。

基于现代信息技术的大学英语自主学习教学模式的硬件基础是

学校拥有计算机网络系统和计算机网络教室并配有专业计算机管理人员。学校在2005年6月引进了《大学体验英语》全新立体化系列教材的网络学习系统,并对教师和学生分别进行了课程管理和课程学习的培训,为学生完成网络自学课程的学习奠定了基础。《大学体验英语》是高等教育出版社设计开发的立体式系列教程,倡导基于计算机/网络+课堂教学的新型教学模式,课堂教学与课外自主学习相结合,使课堂教学内容在课外得以延展。该系列教材中的大学英语学习系统、多媒体学习课件等为英语教学网络化及教学手段现代化提供了立体、互动的英语教学环境。多媒体课件提供了中外教师的双语课堂讲解、难点解析、跟读与交互训练,可供学生自主学习;网络自主学习系统可供学生学习、训练、测试,并自动形成监测记录。

在实施基于现代信息技术的大学英语自主学习教学模式改革实践中,黑龙江科技学院实行分层次教学,对二本和三本学生分别配置不同的课堂教材,网络自学课程内容虽然相同,但网络自学级别分配设置了不同的要求。在学时分配上,课堂教学为每周每班四学时,网络自学为每周每班二学时。在学生课程成绩评定上,采取形成性评估和终结性评估相结合的方式,将网络课程的成绩纳入形成性评估中。

三、基于现代信息技术的大学英语自主学习教学模式实践

对大学英语课程的教学采用基于现代信息技术的大学英语自主学习教学模式,具体的教学流程如下。

一是课堂教学。传统课堂教学面授有其自身的优势和必要性,因此黑龙江科技学院重视课堂教学环节,推广实施以学生为中心的主题教学模式。所有学生所用的教材均为国家规划教材,课本每一单元的听、说、读、写、译各项技能的培养与训练都围绕同一交际主题展开。教师充分发挥主导作用,要求学生对每一单元的主题进行预习并借助图书馆及网络查找资料,在课堂上引导学生对相关话题按

听、说、读、写、译分项技能进行研讨，给学生提供自我展示、畅谈主题、语篇分析、模拟练习及技能训练的机会，并及时对学生进行评价，答疑解惑，培养学生的英语综合运用能力。

二是网络自学。大学体验英语学习系统设计人性化，使学生通过人机互动，达到有话想说、有话会说的目的，激发学生自主学习的兴趣，满足个性化学习的需要，培养学生的听说能力。学生的网络自学与课堂教学一样排入课表，在学生第一次进行网络课程学习之前，由任课教师在主控机内输入学生的个人信息和卡号，进而自动生成学生的个性化密码，为进入学习系统做好准备。学生进入学习系统后，第一步是进行基本能力初始测试，测试成绩达到及格标准，将自动越过0级学习课程进入一级学习课程，不合格将自动进入0级课程进行学习。课程分为0～6级，学生自主掌握学习进程，每学期基本能完成1～1.5个级别的学习内容，学习时间、进度和网络自学的成绩也由系统自动记录。

三是课外素质教育活动。参加课外素质教育活动是学生进行课外自主学习的一种表现，每学期组织学生参加英语角或无线耳机听说以及各种不同内容、不同形式的相关英语竞赛活动，由教师对学生的参与情况做出及时、准确的评价和记录。

四是课程评价。学生的大学英语课程成绩由形成性评价和终结性评价组成。形成性评价和终结性评价分别占有的成绩比例根据每学期具体情况的不同来调整，现以黑龙江科技学院2010—2011学年第一学期的大学英语成绩评定方案为例：学生的期末成绩由形成性评价成绩、终结性评价成绩和课外素质教育活动加分组成，采用百分制。形成性评价占50%，采用课内外考评相结合的形式。其中学生课内教学活动占20%，分别由出勤表现（5%）、口语表现（10%）、平时测试（5%）组成；学生课外教学活动占30%，分别由作业（5%）、网络自学（10%）、学期大作文（10%）、英语角（5%）组成。在形成性评价中，口语表现10分，由学生个人日常口语表现4分+团队口语表演6

分组成;平时测试5分,各教研室根据不同教材分层次确定考核内容,随堂进行测试,本学期进行2次;作业5分,由各教研室根据不同教材、不同授课对象按听说读写分项进行,要求教师全批并讲解;学期大作文10分,该作业在学期最后一次课前上交,课程结束前2~3周,教师根据每个单元的写作教学内容,向全班学生分组布置不同的题目,学生通过课外查阅资料完成;网络自学成绩10分,执行网络教学设计小组制定的考核方案,按学生的起始级别、学习进度及网络学习系统给出的听说综合成绩计分;英语角5分,根据学生参加英语角的表现加分。终结性评价占50%,对学生进行期末测试,分层次按教材出题,试题由主观题和客观题两部分构成,题型为听力、阅读和翻译。课外素质教育活动加分由教研室根据本学期教学活动的层次和比例确定。

几年来的基于现代信息技术的大学英语自主学习教学模式的实践表明,该模式具有教学效率高、信息输入量大、能实时评价等优势,实现了培养学生的英语综合应用能力,特别是听说能力以及提高学生的自主学习能力和综合文化素养的大学英语教学目标,具有可行性和有效性。该模式将课堂教学和网络自主学习结合起来,教师在课堂上激励信心、指导学习策略、检查学习效果、管理组织学生,网络学习系统则赋予学生学习自主权,实现个性化教学及个性化学习,培养学生多方位学习和终身学习的能力。从学生和教师的反馈来看,学生和教师都认为这种模式调动了学生语言学习的兴趣,使学生自觉学习、自愿学习的主观能动性得到充分发挥,使大学英语教学多年来的哑巴英语现象逐渐改变,达到了语言学习的实用性目的。网络学习系统对学生的学习进行即时评价,让学生很有成就感,激发了学习动力和进取心。从学生的学习成绩来看,学生的口语成绩和课程成绩均有大幅度提高,一次性及格率提高明显。在实施基于现代信息技术的大学英语自主学习教学模式时,需要注意的是该模式将课堂教学和网络自学相结合，二者不能相互取代，而要优势互补，以学生为中心的自主学习也绝不是让学生完全自由活动，而是在教师指导下进行自主学习，教师要肩负的是指导、监控、评价的职责，需要不断更新教学理念，进行理论与技术培训，提高自身素质。

基于现代信息技术的大学英语自主学习教学模式还处于实践探索阶段，仍有许多问题需要探究，如教师如何更好地对学生进行自主学习策略指导，形成性评价中网络自学成绩的合理比例，开发设计多教材、多版本的网络学习系统，使学生能广泛地选择适合自己的网络个性化自主学习方式等，随着教学改革实践的不断深入，基于现代信息技术的大学英语自主学习教学模式必将逐步得到完善，从而对更加高效地实现大学英语教学目标、优化英语教学过程、培养学生的自主学习能力起到积极的推动作用。

第六节　大学英语阅读教学新模式

阅读是大学英语教学中的一个重要环节，然而传统的阅读教学已不能满足时代发展和学生自身的需求。在信息技术日新月异的今天，如何进行积极创新，真正地激发学生学习英语的兴趣，提高学生的英语阅读能力，成为广大英语教师所关心的问题。

一、阅读教学的重要性及传统阅读教学的问题

在英语学习的四种基本技能（听、说、读、写）中，阅读占据重要的地位。在语言习得过程中，阅读和听力属于语言输入，会话和写作属于语言输出。要想获得满意的语言输出就必须有丰富优质的语言输入。大学英语阅读教学是大学英语教学中的一个重要的组成部分。它有助于提高学生的听说、写作、翻译等能力，并有助于拓宽学生的知识面，了解中西文化的差异，提高学生的交往能力。因此，要想提

高学生的听说和写作能力，就必须提高阅读教学质量。

然而传统的大学英语阅读教学以教师讲授为主，教学内容单一，信息陈旧，教学方法一成不变（每堂课教师都习惯从字词句开始带领学生进行语言、语法知识点和篇章结构的讲解和梳理），使学生上课缺乏主动性，没有使学生养成自主学习的意识和良好的阅读习惯。

二、信息技术给大学英语阅读教学带来的机遇和挑战

随着经济社会的飞速发展，现代科学技术取得了突飞猛进的进步。诞生于 20 世纪 50 年代的计算机网络系统对人类社会生活的方方面面和各行各业都产生了深刻的影响并带来了诸多好处，其中对高等教育的渗透，给高等教育的发展带来机遇和挑战。

信息技术对高等教育的影响包括：

一是信息技术为高等教育提供了新的教育手段和技术；二是网络信息技术使教师的角色发生了转变——教师从文化知识的传授者和教育教学的管理者变成知识体系的建构者和人际关系的艺术家；三是网络信息技术使高等教育的方式和方法发生了根本性的改变，它使传统的灌输式和被动式教育方式转变为兼有自主性和灵活性的教育方式，突破了时间和空间的限制；四是信息技术使办学方式从单一的全日制教育向多层次、多形式、多规格的教育转变；五是信息技术为学生提供了丰富和多元化的信息，能激发学生对现代科学的学习兴趣，帮助学生拓宽知识面，提高专业素质；六是信息技术能培养学生的自我精神，发展学生的个性，使学生能自我完善和自我提高。

此外，信息技术还具有资源丰富、互动参与性强、传播路径多元化、传播模式多样化等特点。这些优势势必对大学英语的课堂教学模式、教学手段、教学主体、教学资源等方面产生深远的影响。

三、大学英语阅读教学新模式探讨

（一）教学内容的转变

以往的大学英语教学都围绕着学校所订教材进行，由于一些客观因素（如经费短缺、教师不想重新备课等），致使一套教材使用多年，因其内容陈旧，与时代脱节，学生学起来如同嚼蜡，毫无兴趣可言。但新兴的信息技术手段丰富了教学资源，教师可根据教材单元话题，从互联网或其他移动媒体终端，有的放矢地寻找和整理契合学生英语水平的阅读材料，从而丰富课堂内容，提高学生的学习兴趣。

（二）教学方式的转变

传统的英语阅读教学过多地关注教师的课堂讲授，学生只需要带着课本和耳朵来上课。教学内容的按部就班，使课堂教学失去了活力和吸引力，学生失去了兴趣和自主学习的能力。

随着信息技术的日新月异，新的教学方式和手段也不断涌现，其中最具有代表性的是微课、翻转课堂和慕课。

微课，顾名思义就是微型课程，它是一种以互联网为基础，融合了传统的教学模式的新型教学模式。它以微型教学视频为主要载体，针对某个学科的知识点（如重点、难点、疑点、考点等）或教学环节（如学习活动、主题、实验、任务等）而设计开发的一种情境化、支持多种学习方式的在线视频课程资源。它有三种类型：Picture story（PPT式微课）；Lecture record（实录式微课）以及 Screen capture（利用录屏软件和先进的演示文稿软件录制讲授讲解过程）。由于微课具有课程时间较短、内容丰富、传播便捷、课程可反复观看等优点，深受教师和学生的喜爱。

翻转课堂是一种颠覆了传统教学理念的新的教学模式。它采用“先学后教”的教学步骤，教师在课前采用录制小视频的方式，把教学目标、重难点和相应的知识点等展现给学生，让学生在课前进行自主学习。在课上，教师组织学生进行讨论和交流来答疑解惑，帮助学生掌握知识。翻转课堂注重培养学生的学习主动性，有利于调动学生的学习积极性。它颠覆了教师在课堂当中的主体地位，让学生真正成为课堂的参与者和建设者，有利于实现师生之间的真正互动，达到良好的教学效果。

慕课 MOOC 是一种免费向大众开放的网络课程。它由加拿大教育学家 George Siemens 和 Stephen Downes 在 2008 年创造。它具有规模大、无边界、开放性、成本低和易获取的特点，因而受到世界各地学习者的追捧。慕课于 2013 在中国出现了繁荣发展的局面，中国的许多知名大学，如北大、清华、复旦等都陆续开发并上线许多网络课程。慕课教学体现个性化。课前，教师把课程内容和资源进行整合，对教学中的基本知识点、基本技能、重难点进行合理的安排，抽取部分内容，制作成小视频，发布到网上，让学生在课前进行熟悉和了解，从而为课上的进一步讨论做准备。在课堂教学中，教师变成了课堂的组织者和引导者以及学生思想的启发者。

（三）教学主体的改变

教师不再是学生获取知识的唯一来源，也不再是课堂教学的主导者。采用微课、翻转课堂或慕课的教学方式，势必会削弱教师以往的地位，使学生从课前就融入教学中，发挥自己的主观能动性，积极学习。教师则变成了课堂教学中的引导者和辅助者。

（四）教学评价方式的转变

网络信息技术对教学的渗透使教师可采取多种方式来评价学生，获得对学生英语能力较为全面的认识。教师可在课前的自主学习、课上的讨论等环节、课后的知识巩固和拓展活动中对学生进行评价，评价不再局限于一张试卷成绩，评价可以是多样的、动态的、不受时间和空间限制的。

网络信息技术的飞速发展给大学英语阅读课注入了活力。新型教学方式的涌现（如微课、翻转课堂和慕课等）给大学英语教学带来了生机。大学英语教师应转变观念，勇于接受科技发展给教育带来的机遇和挑战，结合学生特点采取不同的教学方式来帮助学生真正地提高英语阅读能力及英语水平。

第七节　大学英语听说混合学模式

美国是信息技术和教育较发达的国家，早在2001年，其中小学网络化的普及程度就达到了99%，在这方面的研究相当丰富，美国教育部门已在各级学校实践了多种新型的教学模式，如基于问题的学习模式、基于项目的学习模式、基于资源的学习模式等，很多学者如Roblyer、Graig Barnum和William Paarmann等提出并研究了具体的整合教学模式和教学效果，为语言教学提供了很好的参考。在国内，蒋学清、张红玲等提出了整合信息技术的外语教学的基本模型。因此，研究和学习发达国家此方向最先进的理论和实践知识，无疑是非常有意义的。

一、影响大学英语听说教学效果的因素

（一）缺乏真实的英语学习和使用环境

大多数中国学生可以看懂句式复杂的文章，写出结构完整的短文，在题型多样的听力理解考试中也可以取得很好的成绩，但在日常生活中与英语母语者交流却遇到阻力，甚至连诸如询价、指路等最基本的日常生活用语都无法表达清楚。究其原因，课堂中所营造出的语言环境，是教师根据教学大纲及教学内容，有目的地加工、提炼而成的。由于时间、课型及人数等因素限制，课堂中无法将日常生活中

所遇到的每个真实语境都完整呈现。多数学生除了有限的课堂学习外，很少在日常生活中接触和使用英语。多媒体网络课堂及语言实验室虽然在一定程度上带给学习者真实的语言环境，因受时间及地点的限制，无法提供及时(just-in-time)学习的环境。

(二)评价体系需要多元化

主要包括以下几个方面：

第一，评价主体的多元化。根据建构主义理念，学生不是外部刺激的被动接受者，而应该是知识意义的主动建构者；教师不是知识的灌输者，而应该是学生主动建构知识意义的帮助者。学生应自我监督、自我测试、自我反思以检查、了解自己建构新知识的过程及成效，从而随时改进学习策略，达到最终的学习目标。

第二，评价方式的多元化。传统的大学英语评价方式缺少主观性和灵活性，过度重视以标准化试题为主的结果评定，这使得学生过于注重以基础知识为主的考试成绩而忽视实际运用语言的能力，不能很好地调动学生参与评价的积极性，也不利于学生的个性发展。

第三，评价标准的多元化。由于听说能力固有的特殊属性，在实际评价中很难定量评价。在听说教学中，只针对学生所获得的知识、技能、能力等方面的评价标准已无法照顾到学生的个体差异，也无法帮助学生充分挖掘和展示其个人潜能。

(三)学生缺乏参与度及自主能力

信息技术环境为自主学习提供了自然环境，增强了学生的学习动机。但是，过量的学习资源可能对那些缺乏自我调控的学习者来说并不是一件有益的事情。成功的网络自主学习需要自我调控和元认知能力。在以教师为中心的大学英语听说教学课堂中，教师和学生都缺乏自主性，不利于自主学习的发展。

二、在信息技术环境下建构大学英语听说课程混合式教学

第一，利用“理工在线英语”网络平台及资源，为学生提供及时学习的空间。

“理工在线英语”网络学习和管理平台的建设与使用，将课内课外打通，在最大限度地降低模拟环境的负面影响的同时，也为学生提供随时随地学习的环境。学习者处于不同情境中产生学习的需求时，通过无线通信技术与“理工在线英语”网络相连来查询相关的信息。这种以网络为平台的情境学习和学习共同体的创建，使语言学习不再是一门孤立的课程，而真正成为一种社会活动。

第二，利用英语实验口语网络平台，实现课堂教学。结合大学英语教学实际情况，通过口语实验网络平台，实现将传统的口语课堂活动和创新性的“网络语言实验”活动相结合，设立了大学英语口语实验课程。笔者有幸参与该课程的教学任务。

该课程课上以学生熟悉的实验模式进行分组教学，课下要求学生以真实语境为前提进行口语训练，并录制即时音、视频上传到网络平台。在教学中，特别注重学生学习过程与成果的收集、保存与及时反馈，有效记录学生的实验活动，做到听、说两种技能有机结合。

考虑到学生的智力差异及全面发展的需要，该课程的评价内容不仅注重学生所掌握的基础知识，而且包括对学生综合能力和素质的评价，即学生的英语学习态度、学习策略、学习习惯、自主能力等。此外，在评价环节提高了学生的参与度，实施师评、自评和互评三方结合的模式。这样做，一是使评价更加客观具体，二是使学生实现横纵对比。所谓横向对比，即学生通过自评对进步和提高程度内省；所谓纵向对比，是通过互评，了解其他学生的情况。所有的任务和评价内容，音、视频，文字都有记录，在任何时间都可被调取比较，方便教师和学生掌握进步情况，进行评价。通过教师评价与学生自评和互评，了解学生的语言掌握情况、学习进程、完成学习任务的情况以及

存在的问题,发挥学生学习的主动性,培养学生自主学习的能力,提高教师教学管理水平。

第三,研发可输入性个人词典,提高学生的参与度。现有网络词典均为软件公司统一定制、编写的。为满足学生个性化英语学习的需求,笔者所在课题组设计并研发了一款可输入性开放式个人词典。词典使用者可以根据自己的英语学习及教学的历程自主创建、编辑或组织词条,修改对单个单词的注释,也可以加入备注、检索、链接,可以让学生充分发挥创造力,从被动的知识接受者成为主动的知识创造者,从而提高学生的参与度及自主能力。

合理利用信息技术辅助大学英语听说教学既符合语言习得规律,又顺应时代发展潮流,并能有效地提高学生英语听说的兴趣和效率。同时也应该意识到只有在教师的精心准备和选择下,与课堂教学合理有效结合,网络资源才能更好地服务于大学英语听说教学。

第六章

信息化大学英语教学中的学生自主学习与教师专业发展

在互联网普及、信息爆炸的今天，知识的传播范围越来越广，专业程度越来越高。当今大学生在学习英语时，仅仅掌握大量的词汇、足够的语法已经很难满足社会对高素质英语人才的需求了，因此大学生必须在掌握英语语言知识之余，提高对英语的运用能力，同时还要增强英语文化知识和修养。然而，要想实现这一点，仅靠学生在课堂上有限的学习时间是远远不够的，还需要学生养成自主学习的良好习惯，这样才能弥补课堂学习在时间上的不足。同样，作为英语教师，应该注重自身的专业发展，从而为学生营造自主学习的氛围和环境。本章主要从自主学习的内涵、特征、影响因素入手，探讨了信息化背景下学生自主学习能力的培养与实现，同时对信息化背景下大学英语教师的专业发展理论及其路径进行了系统论述。

第一节　自主学习的内涵、特征及影响因素

一、自主学习的内涵

由于人们的理论立场与研究方法不同，对于自主学习的基本问题仍存在很大的争议。什么是自主学习？自主学习的本质是什么？不同教育者意见并不统一。西方各学派的理论学习者提出了各自不

同的看法。

以维果斯基为代表的维列鲁学派认为，自主学习本质上是一种言语的自我指导过程，是个体利用内部言语调节自己的学习的过程；以斯金纳为代表的操作主义学派认为，自主学习本质上是一种操作行为，它是基于奖赏或惩罚而做出的一种应答性反应；以弗拉维尔为代表的认知建构主义学派认为，自主学习实际上是元认知监控的学习，是学生根据自己的学习能力、学习任务的要求，积极主动调整学习策略和努力程度的过程；齐莫曼提出，当学生在元认知、动机和行为三个方面都是积极的参与者时，其学习就是自主的，主张从以下七个维度来界定：学习动机、学习内容、学习方法、学习时间、学习结果、学习环境、学习社会性。

从不同的角度来看，自主学习的本质所包括的内容不尽相同，本书认为，自主学习有广义与狭义之分。广义的自主学习是指人们通过运用多种手段和途径进行有目的、有选择地学习活动，从而实现自主发展的社会实践活动。狭义的自主学习是指学生在教师的科学指导下，自觉能动、创造性地学习，实现自主性发展的教育实践活动。狭义的自主学习指学校教育范围内的自主学习，学生是学习活动的主体，教师的指导、师生有效的交流互动是前提与条件。学生自觉、独立、主动地参与学习，进而实现学生自主性的发展是教学活动的目的。

二、自主学习的特征

（一）自主性

每个人都有一定的自主意识，具有独特的个性，能够自觉能动地进行自主活动。在自主学习中，学生在学习活动中具备学习的主体意识，能够自觉、主动地投入学习之中，掌握学习的策略与方法，对学习活动进行调节、及时反馈、自主评价。自主性主要表现为：①具有独立的主体意识，对自己有清楚的认识；②有明确的学习目标和自觉积极的学习态度；③能够在教师的指导帮助下独立地学习教材和理解教材，把书本上的科学知识内化为自己的知识；④能充分利用自身的和外界的积极因素，主动地学习和接受教育，以达到预期的学习目标；⑤能够对自己的学习活动进行自我支配、自我调节和控制，并促进自身潜力的发挥。

（二）创造性

创造性是自主学习的本质特征，也是学生主体性的一种体现。学习在本质上是创造性的，自主学习是学生以自己的知识经验为基础来理解知识，赋予知识以个人意义的过程，是一种创造性学习。自主学习强调，学习是对新信息意义的建构，同时又包括对自己原有经验的改造和重组，这样所学的知识就变成了可以利用的资源。

（三）独立性

独立性是相对于依赖性而言的，依赖性学习是把学习建立在人的依赖性的一面上，而自主学习则是把学习建立在人的独立性的一面上，可以说，学生的学习是从依赖走向独立的过程。自主学习要求学生不以教师的意志为转移，在各个方面尽可能脱离对教师与他人的依赖，由自己独立做出选择、决策并展开学习活动。自主学习贵在独立，它是学生学习知识、掌握技能的重要环节，通过学生的自主实践表现出来。

（四）有效性

在某种意义上，自主学习就是采取各种调控措施使自己的学习达到最优化的过程，这是因为自主学习的出发点以及自主学习的目的是尽量协调好自己学习系统中各种因素的作用，使它们发挥出最佳效果。一般而言，学习的自主水平越高，学习的过程也就越优化，学习的效果也就越好。

(五)能动性

自主学习建立在人的能动性上,能动性是相对于受动性而言的。自主学习以尊重、信任、发挥人的能动性为前提,它区别于他主学习,是学生积极、主动、自觉地从事和管理自己的学习活动,而不是在外界各种压力下被动地从事学习活动。可见,自主学习是一种自我式学习、主动学习,它是在人的内在需求驱动下进行的。自主学习的能动性并不是先天形成的,需要对学生进行培养与训练。培养学习能动性最根本是激发学生的内在需要,如动机、责任、自我实现、自我超越等。

(六)开放性

自主学习是一种开放的教学方式。包括教学内容的开放、教学目标的开放、教学时间的开放、教学空间的开放、教学设计的开放、教学方式的开放、教学组织形式的开放、教学管理的开放以及教学评价的开放。自主学习的开放性使学生在教师的宏观指导下不仅可以自主选择学习的时间、地点,而且可以自主确定学习目标、学习内容、学习方法以及学习计划,还可以自主进行学习反馈、评价,并且对自己的学习负责。在这样的学习中,学生才能真正成为学习的主人。

(七)相对性

就现实的情况来看,绝对自主或绝对不自主的学习都较少,学生的学习多数是介于这两极之间,因此,我们可以说自主学习不是绝对的,而是相对的,也就是说,他们的学习在有些方面可能是自主的,而在另一些方面可能是不自主的。学生在学习的许多方面如学习时间、学习内容等,都不可能完全由自己来决定,他们也不可能完全摆脱对教师的依赖。因此,我们不能把学生的学习简单地分成是自主的和不自主的，而是应该从实际出发，分清其学习在哪些方面是自主的，在哪些方面是不自主的，或者说学习的自主程度有多大。做到这一点才可以针对学生学习的不同方面进行自主性的教育和培养。

三、自主学习的影响因素

（一）内部因素

学生学习能力的高低，既取决于外在因素，又离不开内在因素。自主学习的内在因素大致可以分为两种，即智力因素和非智力因素。

1. 智力因素

智力因素是自主学习的基础。所谓智力，指的是掌握和使用各种学习技巧的能力。而本书所要探究的智力因素主要是指语能，即语言智商。智力是个体一般性的学习能力、理解能力和推理能力，而语能作为智力的重要组成部分，是个体特殊的语言认知能力。心理学家卡罗尔将语言的认知能力归纳为以下四种。

（1）语音的编码能力

语音的编码能力能够帮助人们辨别不同的语音，形成语音和符号之间的联系，并加以记忆。

（2）语法的敏感能力

语法的敏感能力能够帮助人辨认出词在句子中的语法功能。

（3）语言学习的归纳能力

归纳能力能够使学习者通过例句推测和归纳语言规则。

（4）语言的记忆能力

记忆能力能够使学习者快速且有效地形成文字与意义之间的练习，并加以记忆。

2. 非智力因素

（1）学习态度

态度是个人对他人、个人对事物、个人对现象等较持久的肯定或否定的内在反映倾向。学习态度是否端正对语言学习的效果有着直接影响。

学习态度是指学习者对自己在学习中应承担责任的认识,以及对自己学习能力的评价。学习者如果没有正确的学习态度,自主学习就很难开展下去,也无法将学习坚持到底。事实证明,只有学习者自愿为自己的学习负责时,其学习效率才会提高。

一般来说,积极的态度有利于提高学习动机,从而促进外语学习。相反,消极的态度就会减弱学习动机并导致学习失败。因此,在自主学习过程中,学习者需要采取积极的态度对待自己的学习,即对自己的学习负责并积极投身于学习。

(2)学习动机

动机指的是由特定需要引起的,欲满足各种需要的特殊心理状态和意愿。学习动机对学习者自主学习有一定的影响,它为学习者提供着自主学习的动力和指引自主学习的方向。无论是工具型动机还是融合型动机都对自主学习有促进作用,是自主学习的动力所在。研究表明,一个人动机水平的高低与其学习自主性呈正相关。动机越高,其学习自主性就越强。然而,要想使动机更好地促进学生的自主学习必须从两个方面着手。一方面,教师要培养学生正确持久的学习动机;另一方面,教师还要在教学中不断激发学生的学习兴趣和动力。

(3)学习风格

一直以来,学习风格都是二语习得、教学心理学等学科共同关注和探讨的一个重要课题。尽管不同学者对学习风格的定义各不相同,但它们在本质上存在着某些共同点。

①学习风格是在长期学习过程中逐渐形成的,是具有鲜明个性的行为。

②学习风格的实质是学习者喜欢的或经常使用的学习策略、方式或倾向。

③学习风格常常受到社会、家庭、学校教育方式的影响。

只有学习者被允许采用自己喜欢的方式去学习，才会促进其自主学习能力的发展。因此，教师应学会包容各种不同的学习风格，而不应有所偏好，更不能褒扬某种学习风格而排斥其他学习风格。另外，当学生在对自己学习风格的特点有所了解之后，就能够有意识地选择适合自己的学习环境与学习方法，以便发挥自己的优势，克服自己的劣势，从而提高学习效果和学习效率，更好地进行自主学习。因此，在教学过程中，教师必须考虑学习风格这一因素，设法营造一个放松的自主学习环境和氛围。

(二)外部因素

1. 教学环境

提倡自主学习，要求学习者真正成为学习的主人，学习者可以决定学什么、何时学、如何学、学多久等。但是我国的教育现状决定了自主学习仍然有很艰苦的路要走。尽管我国当前的教育制度在不断进行改革，但仍达不到西方的弹性学分制度；各高校的大学英语教学大多依据全国统一的教学大纲，实施类似的课程设置，使用统一的教材，但贫富不均的地域分布和经济投入力度造成的教学差异仍然很大，教师自主的权限也就成为学习者自主的局限。这样的社会背景决定了自主学习在我国存在的形式必定是有限的自主学习。

2. 教师

作为信息时代的外语教师，仅仅向学生传授语言知识和语言技能是不够的，还要教会学生如何自主学习。教师的教学态度、理念、教学方法以及所用教材会不同程度地促进或制约学生自主学习能力的发展。在我国现行的外语教育条件下，学生还必须依赖教师来确定学习内容、获取学习策略、提供学习反馈，遇到自己不能解决的学习困难时，还需要教师的指导和帮助。为帮助学生逐步实现从学习依赖到学习自主的过渡，教师可以结合课堂教学促进自主学习。教师不应是课堂活动的主宰者，而应是活动的组织者、管理者和参与者。此外，教师可以通过对学生进行学习策略训练来促进自主学习；在通过问卷调查摸清学习者的语言水平、学习动机、认知模式及策略使用等情况之后，通过认知策略的培养，使学习者了解并掌握各种学习策略，并通过课堂观察、面谈及检查学习者学习日记等方式来监控学习者的学习过程及学习策略的运用情况。

3. 同伴

自主学习既是个体的行为又是社会的行为，它既不会发生在真空中，也不是完全独立的学习，同伴之间的协商、合作能够有效地促进个体的自主学习。学生的自主学习受同伴的影响主要体现在：①同伴的自主学习对学生的学习有着榜样示范的作用；②学生对自身自主学习能力的评估受到同伴的自主学习行为和学习成绩的影响；③学生的学业求助受到同伴关系的影响。

4. 学习环境

学习环境因素对自主学习能力培养起到一定的影响作用。良好的学习环境和丰富的辅助资源是自主学习获得成功的一个重要条件。良好的学习环境有利于学生开展合作学习和自主学习。学校是学习的主要场所，是学生接受教育、获取知识的地方。因此，为了促进学生自主学习能力的发展，学校要尽可能地为学生创造和提供自主学习的条件。

近年来，网络技术、多媒体技术在英语教学中的应用使课堂上的师生交流更多地被人机对话所取代，使学生可以根据自己的实际情况和学习需要，有针对性地选择学习内容、学习材料，自主安排学习时间、学习地点以及学习计划，随时提出学习中的问题并能够得到及时帮助和解答。可以说，现代教育技术的发展为教师自主教学和学生的自主学习提供了更多的机会。因此，学校应该有效利用多媒体和网络技术，为学生的自主学习提供物质条件。

5.社会环境

社会环境因素主要包括两个方面:文化环境和人际关系。这两个方面是自主学习者可利用的学习资源。学生要想有效地进行自主学习,必须充分利用社会环境中的有利因素。

(1)文化环境

文化环境因素与英语学习息息相关。文化环境影响着学生的行为、学习价值观、思维习惯以及态度等,并对学生的自主学习效果有着直接的影响。例如,在目前的中国文化氛围里,英语教学往往过分注重知识的传授与背诵,注重应试教育,强调律己、独思,而忽视了对学生科学精神与方法的培养,缺乏对学生个性特点和自信心的培养,更忽视了对学生的主动性、合作意识、创新性和创新能力的培养。因此,我国学生自主学习的意识不强,甚至对自主学习有抵触情绪,很多学生在英语学习上习惯于当前你教我学的教学模式,缺乏主体意识,认为教师不讲课就是不负责任,是在浪费时间。

随着教学改革的进一步深入,我国的英语教学模式逐渐由以教师为中心转变为以学生为中心。因此,一方面学生要适应这种转变,学会对自己的学习负责任,有意识地、主动地提高自主学习的能力,变被动学习为主动学习。另一方面教师要积极创造一种新的英语学习文化氛围,并在这种氛围里有意识地培养学生的团队精神,使学生之间都能做到相互信任、相互配合、相互竞争,从而改善学习气氛,提高学习效率。

(2)人际关系

人际关系因素也是影响自主学习能力培养效果的因素。英语课堂中的人际关系主要包括师生关系、同学关系。良好的师生关系和同学关系不仅可以降低学生学习中的焦虑感以及紧张情绪,使学生的学习变得愉悦,从而在一定程度上提高学生进行自主学习的积极性和主动性,而且可以营造良好的自主学习环境。当学生与教师之间关系融洽、和谐,具有情绪的安全感时,学生的自我效能感就会变得更强，也就越有可能去追求自己的学习目标，而其自主学习的意识也就越强。

因此，英语教师在教学中要努力创造轻松、友好的课堂气氛，建立融洽的师生关系、同学关系，使学生乐于参与课堂活动，积极参与合作学习，并最终获得自主学习能力。

第二节　信息化背景下学生英语自主学习能力的培养与实现

一、信息化背景下学生英语自主学习能力的培养

（一）增强学生英语自主学习意识

1. 了解自主学习理念，唤醒学生主体意识

英语教师首先要系统介绍自主学习理论，让学生对其有全面的了解。教师可以通过讲座形式，向学生介绍自主学习理论的起源、现状及其发展，或发放宣传小册子让学生阅读，使学生建立起英语自主学习的概念；向学生宣传英语自主学习的必要性，转变学生的学习观念，让他们重视自主学习，逐渐培养和增强学生的英语自主学习意识。

2. 提倡合作和研究学习，培养学生主体参与意识

在传统“灌输式”教学的影响下，学生只是被动地接受知识，机械记忆多，深刻理解少，单向交流多，集体讨论少，这严重束缚了学生自主能力的培养和发展。在英语教学实践中，教师要为学生多提供讨论、交流的机会，让学生敢于发表自己的见解，表达自己的情感，有序地发现、自觉地获取新知识，体验成功的乐趣，培养学生的主体参与意识。

3. 加强学习方法和策略指导，提高学生策略意识

教师应加强对学生学习方法和策略的指导，提高学生的策略意识，帮助学生“学会学习”。外语学习者因个性、经历、环境、文化背景等因素的影响，学习方法存在着很大的个体差异。教师应当从宏观和微观两个层次给学生以方法指导，使学生形成适合自己的、独特的学习方法，进而有效地进行学习。同时，教师要使学生对自己的认知风格有所了解，能针对自己的情况不断调整学习方法和策略，提高外语习得的效率。

4. 指导学生自我监控和评估，充分发挥学生的主观能动性

为了培养学生的自主学习能力，教师应该引导学生监控和管理自己的学习，教给他们自主学习的策略，让学生对自己的学习负责。在课堂教学中，教学模式、教材内容和组织、课堂管理方式以及学业评估上，都应该体现“以学生为主体”的理念，充分发挥学生的能动性和独立性。

(二)激发学生学习英语的内在动机

1. 培养正确持久的学习动机，促使外部动机内化

教师应引导学生培养正确持久的学习动机，在维护学习者的内在需要的前提下，促使外部动机内化。兴趣、好奇心、探索欲，是人类学习的最早动力。源于内部需要的学习动机具有更多坚持性和抗干扰性，能引起学习者更高水平的知识学习，能预期学习者更好的学业表现和心理健康水平。然而，要想每个学习者都对教育中涉及的所有内容充满好奇和兴趣是不现实的。虽然，基于内部动机的学习行为表现出种种优势，但外部动机仍然是必要的。因此，如何帮助学生将外部调控的学习动机不断内化，形成相对自主调控的学习动机，就成为学习动机激发的重要主题。要使学生形成长远的间接动力，就必须使之认识到学习的社会意义，教育其树立正确的学习观，确立学

习上的责任感及进取心。教师要注意为人师表，重视感化作用，使学生的情感与认识凝成信念，凭借意志使之巩固，从而形成勤奋学习的强大的动力和精神。

如何才能帮助学生内化外部学习动机？自我决定理论指出，教师应该创设能够充分满足学生自主需要、胜任需要和归属需要的学习环境，帮助学生培养自我决定的学习动机。例如，教师可以通过增加课堂中的弹性空间、强调任务的意义和价值、承认并接纳学生学习中的消极情绪等方式，帮助学生更好地接纳那些暂时无法引起他们兴趣的学习任务。

2. 增强学生的自我效能感，培养学生英语学习的自信

研究发现，中国大学生英语学习动机中，自我效能感最低，这说明大学生缺乏学习语言的自信心。因此，有必要通过引导学生合理制定学习目标、设定学习榜样、合理评价学习成败等途径来增强学习者的自我效能。由于语言层面动机在动机结构中起着先导作用，因此，有必要向学生传递有关英语价值和生命力的信息，尤其是英语深层价值，强调英语对学习者自我提高和发展的重要性。同时，教师还可以通过改善学生对于教师、课程、学习小组等学习情境的态度来提高学生的英语学习动机。

(三)合理运用元认知策略

1. 唤醒学生的元认知策略使用意识

教师要帮助学习者反省自己在英语学习中的认知过程。有些学习者之所以在英语学习中表现出学习及解决问题能力低下的现象，是因为他们在英语学习的认知活动中很少使用认知策略，缺乏或没有元认知意识，对于相对陌生的语言，不知道如何对其认知活动实施一定的监控和调节。对于这些学习者，教师要帮助其科学地确定自主学习的目标，并对自身认知活动进行反省。教师可引导学生按照教学大纲的要求、个人的兴趣爱好和本人以后发展的需要等方面来

确定自主学习的系统目标，以兴趣带动学习的积极性，以极大的热情来完成学习目标，充分提高学生的学习效率。在此基础上，帮助学生分析学习效率低的原因，进而使他们认识到运用学习策略，特别是元认知策略，在英语学习中的重要作用，引导学生树立自主学习观念，早日掌握自主学习方法，顺利完成大学的学习目标。

2. 指导学生确定学习目标，制订合理的学习计划

制订计划、确定学习目标是一种元认知策略，也是大学生进行有效自主学习必备的能力。在英语教学中，教师首先要让学生认识到掌握学习方法、培养自主学习能力的重要性；然后引导学生按照自身的实际情况来确定学习目标，并根据最终确定的目标协助学生制订出短期和中长期的学习计划。在协助制订学习计划之前，教师还应该通过调查问卷、与学生交流等渠道，全面了解学生在英语学习中存在的问题，并针对学生个体的不同情况，加强引导其制订适合个体的学习计划。学生在教师的指导下有了“量身定做”的学习计划，就有了努力的方向，针对自己的弱点加以强化，选择适合自己的学习方法，以便为以后的自主学习打下良好的基础。

3. 引导学生监控学习过程

自我监控是自主学习的关键。在制订学习计划后，学生应严格按照计划执行，引导学生转变学习方式，由被动学习转变为主动学习，对英语学习过程采取自我监控。自我监控也就是自我检查任务执行的情况：检查是否合理地利用时间资源、时刻关注学习进展情况、及时分析与评价自己的认知活动。监控的目的是让学生及时发现学习过程中的问题，以便及时调整思路，改变不良的学习方法，寻求最终解决问题的途径。教师可以采取检查学生学习日记、检查学习计划的执行情况等方式检查学生的自我监控效果。教师还可以适当增加监控次数，经常提醒学生，使之逐步养成习惯。

4. 引导学生自我评估学习效果

自我评估在整个元认知策略的培养中起着承上启下的作用，其目的是让自己随时掌握工作或学习的进展程度和效果，做到有的放矢。在学生完成一项学习任务之后，教师应给予充分的时间让他们反思学习活动过程，认真评估自己在学习过程中使用学习策略的情况及学习目标的完成情况。学生深入反省和总结学习过程是提高学生自主学习能力的过程，也是元认知策略的实施中最重要的一个环节。自我评价有助于培养学生对学习负责任的态度，有助于提高学生独立思考的能力，让他们及时看到自己的成绩和不足，有助于促进学生反思学习的过程，树立更高的学习目标。教师可以组织学生进行学习小结，通过写学习小结、座谈等方法鼓励和帮助学生反思、回顾学习内容、学习过程、学习结果以及自己所采用的学习方法和学习策略，帮助学生从总结的过程中汲取经验教训，以达到由具体的学习活动向抽象的经验转化之目的，完成由外部情境向头脑的认知结构内化之过程。

现代英语教学越来越重视培养学生的自主性。元认知策略为培养学习者自主学习能力提供了坚实的理论基础，具有现实的指导意义。教师应摒弃陈旧的教学思路，采用现代的教学理念，将元认知策略有机地融入大学英语课堂教学中，让学习者逐渐学会并习惯运用元认知策略来指导、监控学习，由“完成任务型”转变为“自主开拓型”，最终成为真正意义上的自主学习者。

二、信息化背景下英语自主学习的实现途径

（一）信息技术与自主学习

1. 适度取舍多媒体教学素材，注重多媒体课堂的“人文关怀”

多媒体作为一种教学辅助工具，本身并不带有任何感情色彩，真正发挥作用的是其设计者和操作者——教师。面对海量的信息，教师更要注重培养学生利用多媒体课堂有针对性地快速选择必要的素

材来构建意识的能力，以达到提高学习效果的目的，真正地通过现代化媒体技术发挥建构主义学习理论的优势。另外，教师与学生的情感交流对学生学习兴趣的激发和学习动机的培养有着极其重要的作用。学生有一种天生的向师性，即希望得到老师的关注。因此，教师在教学过程中，除了优化教学手段、使用现代化的硬件设备之外，还要做到以情感人，营造愉快而和谐的心理环境。教师要真心地爱护每一位学生，以教师自身的人格魅力，使学生对其产生可亲、可敬、可信的情感，这样，学生就能从情感上真正接受新的知识，从而得到事半功倍的效果。

2. 多媒体大学英语教学模式和传统教学模式充分交融

多媒体技术辅助大学英语教学是利用现代信息技术带动教学内容、教学方法和教学手段的全面改革，其最大特点是有助于真正形成以学生为主体的教学模式。英语教师应转变教育思想，充分认识到自身角色所发生的巨大变化，从传统的知识传授者、灌输者转而成为教学设计者、组织者、参与者、引导者和评价者。不但要设计主题教学模式和教学任务，还要结合学生的认知心理特点，倡导、组织协作学习，监控学生的学习过程。在多媒体交互式学习环境下，教师利用多媒体创设的特定语言情境，以精辟简练的讲解，引导学生进行量多质优的听、说、读、写综合训练，使学生在有限时间内获得基础知识的同时，语言基本技能得到训练，直接用英语思考和表达的能力得到提升，并为实现英语交际打下坚实的基础。当然，多媒体技术不是全能媒体，大学英语教学不能完全摒弃传统教学模式，要继承传统教学模式中的精华，如通过手势、语音、语调、面部表情传递的情感互动等有益因素，使其更好地发挥作用。只有两者有机结合、充分交融，才能使教学活动进行得张弛有度，多媒体技术辅助大学英语教学才能达到更优的效果。

(二)自主学习中心与自主学习

1. 提高学生的计算机网络信息辨别能力

网络技术要求学生具有良好的信息素养,这包含技术和人文两个层面的意义。技术信息素养反映的是人们利用信息的知识和能力;人文信息素养反映的是人们对信息价值的认识以及面对信息的心理状态。

从技术层面讲,教师应当对学生进行技术培训,这里的技术培训不必过于追求高、难、全,只要学生能够掌握一些基本的应用,能够整合信息技术环境下的各种学习资源开展自主学习就够了。培训的重点是训练学生能够充分利用信息技术得到需要的学习资源,其中包括各种以传统媒体形式呈现的资源,特别是要训练学生充分利用互联网进行网络检索、查询、获取信息的能力。

从人文层面来说,就是要转变学生的观念,既要看到信息在现代社会中的作用和价值,又要认识到现实生活中信息的良莠不齐,提高学生对信息的辨别与批判能力,使他们意识到只有经过筛选加工、去伪存真后的信息才真正有利于提高学习效率。

2. 建立资源库

教师将网络资源进行收集整理后,制作成文档、网页、flash 动画等形式的文件,存入资源库以供学生使用。在网络上有大量的英语资料库,如《走遍美国》《空中美语教室》《新概念英语》《疯狂英语》等,这部分资源可以下载到本地,但要完全下载也是一项非常艰巨的工作。因此,可以将每个网址做成一个文档,在文档中以超链接的形式链接到相关网页,或制成 flash 按钮,当单击链接或按钮时,打开相关网页。这样就能达到学习内容与最新网络资源相一致的目的,获取最新的学习资源。除了利用丰富的网络资源外,教师还可以提供与课程配套的辅导资料,这些资料可以按照难度顺序来编排,也可以根据知识点来编排,每个单元都有相关的练习,学生可以根据自己的兴趣和基础选择材料学习。

3. 教师发挥指导监督作用

由于多数大学英语学习者在学习策略上没有足够的准备，教师应该通过课堂教学显示课外自学的重要性和必要性，并且对学习者进行培训，要帮助学生提高自我管理能力。自我管理包括确立远、中、近期的学习目标，帮助他们分析自己的学习需求，根据需要选择合适的学习材料（如软件或网站），并且使学生能够按照教学大纲和自己的目标制订使用这些学习材料的计划。通过鼓励他们找到适合自身的学习策略、反思学习过程及培养自己承担责任的意识等方法，培养他们更加独立学习的能力。

第三节　英语教师专业发展的相关理论

一、教师专业发展的理论研究

（一）国外相关理论研究

国外对教师专业发展研究的视角主要集中在以下几个方面。

1. 现代教育学理论

现代教育学研究的范畴一直以来都包含对教师的职业和地位的研究。根据现代教育原理，由于教师工作的示范性、复杂性、创造性等特点，教师的职业性质已具备专业工作的特点，因此教师必须具备高度的专业知识、技能和专长，并且必须经过长期的专业训练和在职进修，不断地提高自己的知识和专业素养。

2. 教育管理学理论

该理论认为作为学校管理的重要组成部分，教师管理不仅是对教师的使用和管理，而且包括建立集体教研、教师进修培训、师资队伍建设等制度和措施，并为教师的成长和发展提供良好的环境条件。

从这一角度来讲，教师专业发展应当成为学校管理特别是教师管理的主要内容。

3. 教师发展阶段理论

国外关于教师专业发展阶段划分的研究始于20世纪70年代。美国学者富勒通过《教师关注问卷》，从教师由师范生成长为专业教师的过程中所关注问题的研究入手，揭开了教师发展阶段理论的序幕。此后不同学者相继开始了各自对教师专业成长过程的研究探索，逐步形成了三种基本理论。具体是三阶段论，即求生阶段—调整阶段—成熟阶段；四阶段论，即求生阶段—巩固阶段—更新阶段—成熟阶段；五阶段论，即新手—入门者—胜任者—熟练者—专家。此外，依照研究角度和框架的不同，教师专业发展阶段的研究大致可分为职业/生命周期研究框架、认知发展研究框架、教师社会化框架和“关注”研究框架等四种。职业/生命周期研究侧重对教师职业生涯和人生阶段特征的描述研究，它是以人的生理的自然成熟和职业的自然适应为基本框架的，但是忽略了教师日常生活作为其专业生活不可分割的部分与教师的观念、行为之间的联系。认知发展框架研究主要侧重分析教师的认知方面的研究，从心理学的角度研究教师的心理发展水平与专业表现之间的关系。社会化框架的研究实际上是对教师专业社会化阶段特征的研究，侧重社会化功能；而教师专业发展研究侧重的是个人化功能，因此两者并不完全相同。“关注”框架研究主要侧重研究教师在由非专业人员成长为专业人员过程中，在不同时期所遇到的不同问题或所关注的不同焦点，这类研究是以教师的专业发展为主线的。

上述理论对教师发展的研究体现出：不同的教师处在不同的专业发展阶段，教师的成长过程是一个由新手教师向专家型教师的转变过程。然而上述关于教师专业发展阶段的理论均限于单一维度，是从不同侧面研究教师专业发展的过程，故难以描绘教师专业发展综合的整体轮廓。

(二)国内理论研究

相比而言,国内关于教师专业发展理论的研究缺乏系统性和深入性,但也取得了众多的研究成果。

叶澜、白益民等人在把握教师专业发展阶段总体特征的基础上,提出"自我更新"取向的教师专业发展理论。它是指教师具有较强的自我发展意识和动力,自觉承担专业发展的主要责任,激励自我更新,通过自我反思、自我专业结构剖析、自我专业发展设计与计划的拟订、自我专业发展计划实施和自我专业发展方向调控等方式达到自我专业发展和自我更新的目的。

裴跃进则在审视国外关于教师专业发展理论的基础上,将教师发展阶段确定为三个系统:教学系统、自我系统和组织系统。并从这三方面系统论述了准备期、初始期、适应期、胜任期、成熟期、创造期、稳定期、退隐期八个教师专业发展的阶段。

郑伦仁和周鸿对大学教师专业发展的主要内容进行了研究,包括:

①教育信念。它是指教师自己选择、认可并确信地教育观念或教育理念,主要涵盖教育观、教学观、教师观、学生观、学习观和质量观。大学教师的教育信念不仅影响其教育、教学行为,而且对教师自身的专业发展也有重大影响。

②专业知识与技术。它是教师职业区别于其他职业的理论体系和经验系统,主要包括所任教学科的专业知识与技术、教育学科专业知识与技能,而且要实现二者的融合并体现出个人特征。

③专业能力。大学教师的专业能力就是教师教育教学能力,是教师在教育教学活动中形成的顺利完成某项任务的本领。具体到大学英语教师的专业能力应包括:教学过程设计能力、英语语言表达能力、教学活动组织和管理能力、教育教学研究能力、师生互动交往能力等。

④专业道德。大学教师的专业道德是教师专业活动和行为的动力系统。它涉及教师的职业理想、对教师专业的热爱程度、工作积极性的维持等问题。

通过借鉴国内外对教师专业发展研究的理论框架，结合目前我国普通高校大学教师的入职基础和状况，毕志远总结出大学教师的专业发展可以分为以下三个阶段：

①经验积累阶段。

②独立工作阶段。

③创造性阶段。

二、英语教师专业发展的内涵分析

根据教育资源信息中心资料库辞典中的解释，专业发展指提高专业化事业成长的活动。这样的活动包括个人发展、继续教育、在职教育以及同伴协作。尽管对“教师专业发展”所使用的词汇和理解的角度不尽相同，但是教师专业发展的概念基本上是从两个角度来阐述的：一是从教师个人心理的角度来解释教师的专业成长过程；二是从教师受教育的角度来解释促进教师专业成长的过程。因此，教师专业发展可以理解为教师的专业成长或教师内在专业结构、专业素养（包括专业心理）不断更新完善的一个动态的发展过程。

教师专业化的提出，改变了人们对教师的传统看法，真正把教师和教学看作一门专业，这不仅是认识的重大转变，同时也对实践产生了重大影响。随着教师专业化研究的兴起和发展，以及对教师专业化认识的深入，世界各国，尤其是发达国家，都把教师专业化作为提高教师整体素质的目标和手段。各国明确提出了教师专业化的要求，并围绕这些要求进行了大规模的教学改革活动，形成了世界性的教师专业化改革浪潮。教师专业化包含两个方面：一是教师地位的改善；二是教师实践的改进。在教师专业化过程中，教师职业成为社会公认的专业，教师也因此获得专业人员的社会地位。同时，教师专业化对教师的工作提出了许多其他更为成熟的专业要求，更加规范了教师的工作，促进了教师实践水平和教学效能的提高。

对于英语教师而言，英语教师的专业化可以理解为：教师在严格的英语专业训练和自身不断主动学习的基础上，逐渐成长为一名英语专业人员的发展过程。

三、英语教师专业发展要素分析

（一）英语教师的专业理念

教师的教育教学行为是一种基于理念的行为，受每一位教师的教育教学价值观支配。教师专业理念的发展是指教师在职业生涯中不断适应教育的需要，更新教育观念，树立正确的人才观、课程观、学生观、教师观。

（二）英语教师的专业发展意识

从一定程度上说，每个英语教师的发展空间大致相同，但最后所能到达的职业生涯高度却存在差异，这主要取决于教师个体自我专业发展意识，即是否具有专业发展的自主性、自律性和自觉性。专业发展意识对英语教师自身心理和行为产生巨大的影响和制约，甚至决定其行为风格和行为差异，对教师的发展起着极其重要的作用。教师专业发展意识越强烈，专业发展的程度也就越高。

（三）英语教师的自我效能感

教师自我效能感是指教师在进行某种教育教学活动之前对自己能够在什么水平上完成该活动所具有的信念、判断或主体自我把握与感受。

英语教师的自我效能感决定其自身行为、行为的坚持性、行为努力程度以及行为成就，在教师教育行为中发挥着关键作用。教师的自我效能感一经形成将具体影响教师的职业信念和态度、教育教学行为，甚至影响身心健康等，进而制约其自身的发展、教师专业化的形成。研究表明，自我效能感高的英语教师对职业的认同和情感投入高，对自身工作态度积极，具有较强的自我期望与胜任感，倾向于为自己选择和设定富有挑战性的目标并为之努力，能够取得满意的工作效果和成绩。相反，自我效能感低的英语教师通常认为自己所从事的职业没有什么意义和价值，往往将教师职业纯粹地看作谋生的手段，被动地去适应教师职业的需要，在工作中缺乏主动性和创造性。自我效能感高的英语教师愿意在教育教学上付出更多的努力，积极主动地适应和改变环境，调控自我，始终相信自己有能力实现目标，寻找解决办法从而获得成功。而自我效能感低的英语教师倾向于把困难看得比实际严重，怀疑自己的能力，常常设想失败带来的后果，对困难的忍受力低、效能信念不坚定，通常知难而退。

（四）英语教师的反思能力

教学反思是指教师在教学实践中，批判地考察自我的主体行为表现及其行为依据，通过观察、回顾、诊断、自我监控等方式，或给予肯定、支持与强化，或给予否定思索与修正，将“教学”与“学习”结合起来，从而努力提升教学实践的合理性，提高教学效能的过程。简言之，教学反思是以探究和解决教学问题为基本点，以追求教学实践合理性为动力，不断提高教师素养和教育教学效能的过程。

反思是教师对自己在教育实践中的行为和产生的结果进行审视和分析的过程。大量研究表明，反思是教师专业成长中最核心和最关键的过程。反思不仅能够为教师带来教学技能、方法、风格和策略等表层的改变，而且能够带来价值、信念、情感和伦理道德等深层次的改变。

在教师专业发展的影响因素中，教师的专业发展意识和自我效能感属于意向性因素，是导致教师是否想要实现专业发展的关键因素；而教师的专业理念和反思能力属于素质性因素，是教师是否能够实现专业发展的前提。教师专业发展是一个不断实施自我监控和自我超越的过程，是内在职业心态的转变、专业视野的拓展、教育能力的提升。教师是教师专业发展的主体，教师个体自主发展是教师专业发展的内因，自主发展依靠教师自身努力来推动专业的持续发展，体现教师个体生命意义和教师职业人的生存价值。因此，自主发展是教师可持续发展的最理想发展样式。

第四节　信息化背景下大学英语教师的专业化发展路径分析

一、信息技术对大学英语教师专业化发展的作用

信息技术作为最先进的现代教育技术，为大学英语教师的专业化发展提供了有利的平台。

（一）为英语教师专业发展创设基础性平台

信息时代要求人们必须具备基本的信息素质。信息时代的教育要培养学生具有迅速地筛选和获取信息、准确地鉴别信息的真伪、创造性地加工和处理信息的能力，并把学生掌握和运用信息技术的能力作为与读、写一样重要的基础能力。作为实施信息时代教育的教师，必须首先具备较高的信息素养。因此，学校的教育信息化建设，为教师的信息素养的塑造提供了基础性的平台，学校领导对信息化的重视程度、建设力度以及管理水平，直接影响了教师的信息素养的发展。

(二)为英语教师专业技能发展创设实践平台

对于基础教育课程改革,教师必须具备较为专业的教育教学实践能力和科研能力。通过计算机网络,教师可以最大限度地吸纳、借鉴成功的教育教学经验,并可以将自己的教学实践成果,通过网络与广大同行进行交流探讨。借助网络,参与诸如"K12 论坛""教育在线""网志"等教育教学探讨活动,可迅速提高自己的教育理论水平和教学研究能力。

(三)信息技术为英语教师专业化创设终身发展平台

教师专业化的成长是一个终身学习和终身发展的过程。现代远程教育为教师的终身学习提供数字化、网络化学习环境和资源。通过现代远程教育,教师可以选择任何时间、地点、进度、方式、自己需要的内容进行自主学习。教师还可进行异地交流讨论、协作研究,实现合作学习。现代远程网络教育不同程度地满足了每位社会成员的学习需要,为构建学习型社会和终身教育体系发挥了重要的作用。

二、信息化背景下促进大学英语教师专业化发展的思考

(一)英语教师专业化要协调信息技术与传统教育之间的关系

信息技术这一概念所包含的内容较为宽泛,一方面涉及科学技术在教育领域之中的运用,另一方面包括新的教育理论、教育新思维以及新的教学手段。多媒体网络语音室是伴随信息技术在教育教学中的普及,计算机网络技术的日趋成熟而产生的。在高校教学改革中,信息技术提供了强大的技术支撑。

在这种的新的形势下,对于大学英语教师专业发展来讲,其面临的主要问题是要正确认识传统教学方式与信息技术应用之间的区别以及联系,并有效运用,使教学内容及模式进一步丰富和拓展,进而

获得最优化的教学效果。

传统教学与信息技术教学之间的差异主要体现在教学模式、教学方法、教学内容上。传统教学模式是以教师、黑板、教科书、学生等为主的讲授式教学，注重教师的主导作用，课堂活动也是以教师为主体的。这种教学模式下，学生基本上是被动的接受者，学生的个体差异性得不到充分发挥。而信息技术教学模式是以网络、计算机、教学软件、音频等为主的多种新技术、多层次、多角度的立体式教学模式。以学生为主体的课堂活动导致教师需要担任三种任务角色，即课堂的设计者、组织者、引导者，不仅发挥了教师的主导作用，而且充分发挥了信息技术的功能和优势，进而充分尊重了学生的个体差异。

另外，信息技术教学创设了新的教学环境，实现了有效教学。在网络教学环境下，教师极少使用黑板和粉笔，而多采用 PPT、E-mail、Video 等多种方式进行教学。此外，很多高校还开设了自主学习平台。总而言之，现代技术打破了固定教学场所的限制，使学生从封闭式的课堂学习走向了无限的学习空间，学生的学习不再受时间、空间与地域的限制。

传统教学与信息技术教学是相互关联、相互作用的。信息技术促使教师要更新教育观念，转变教育手段。信息技术教学以它的独特性、先进性、高效性著称于世，然而要想真正发挥出它的优势，就必须根据教学内容的实际需要合理使用信息技术。信息技术教学内容、模式、手段都必须符合教学目标，服务于教学目的。教学中的教师、学生与教学内容、手段要相互联系，相互配合，因此应用信息技术的内容应包含在教学内容里。信息技术与传统教育技术间的关系是互为补充、互为监督的，这样可以防止出现过度依赖某种技术，或者不科学地利用信息技术对教师专业化进程的发展造成不良影响的现象。所以，在教学实践中，首先要对教学内容进行深入的研究，并在此基础上，根据内容合理使用信息技术，只有这样，才能真正发挥信息技术对教学的辅助作用，实现课堂教学效果最优化。

(二)英语教师专业化意识的培养与信息技术能力的习得具有统一性

英语教师专业化意识的培养是全面提高大学英语教师素质的一个重要环节,也是大学英语教学改革的重点。加强大学英语教师的信息技术能力的培训与学习研究活动,将有利于大学英语教师专业意识的培养。从当前的教学实践来看,一所符合时代要求、适应现代教学需要的大学,必须是注重英语教师专业化、注重教学设备科技化的新型大学,倘若大学及其教师依然耽于传统教学,不提高信息技术的应用能力,那么它将会被淹没在时代的潮流里,逐渐为时代所淘汰。

信息技术能力的习得,就是通过学习、演练、应用、提高,进而深化到大学英语教师的实际教育教学工作中。在这个过程中,大学英语教师将开阔视野,拓宽知识面,使其能够从单纯的英语领域扩大到其他相关领域中,进而成为专业突出、知识丰富、技能全面的新型教学能手。因此,信息技术的习得能力在高校英语教师专业化能力中占有重要的地位,习得某项信息技术后会改变传统教育手段,激发学生的学习热情,提高教学效果。

另外,对于新入职的大学英语教师来说,在信息技术的学习应用过程中,快速地从准专业高校英语教师向专业英语教师转变和发展,有利于其快速提高教师素质和教学能力。

(三)信息技术在很大程度上促进英语教师专业化进程

目前,大学英语教师专业化发展过程中,因大学英语教师在知识结构、自我发展理念、自我认同感等方面存在差异,在继续教育学习中存在种种不足,将对大学英语教师的专业发展造成影响,从而在我国大学的英语教育教学效果和涉外人才的培养上问题重重。信息技术无论是从教学媒介的层次来看,还是从教学手段的应用来看,对于转变大学英语教师的教学方法、提高教学水平和教学效果等方面都发挥了重要的推进作用。

随着信息技术的发展和应用，大学英语教师利用网络和信息技术软件，既可以随时随地的对西方社会文化知识结构进行系统与全面的了解，也能全面加速和提高学习应用信息技术的能力和水平；既能从根本上转变传统落后的教学内容和教学手段，也可以丰富学生的学习内容、学习技能；既可以提高英语教师教学能力和水平，也可以全面提高教育教学的效果。

实践证明，在教育教学中充分利用信息技术开展课堂教学，是加快大学英语教师专业化、技能化的一个重要途径，是大学英语教学改革的重要内容。作为大学英语教师，应当能够根据学生的年龄特点、所传授知识的不同层次与类型等选择相适应的现代信息技术，这样一方面有利于提高大学生学习英语的兴趣和技能，另一方面也有利于英语教师自身知识储备的增加与英语授课技能的提升，进而有利于促进大学英语教师的专业化发展。

第七章

信息化背景下高校英语教学评价的理论建构

随着信息技术的进步，高校对英语教学有了更高的要求，而教学评价作为高校英语教学的一部分，需要不断改进教学评价的手段，以适应社会发展的需求。当前，高校英语教学存在的突出问题之一就是教学评价手段不完善，因此高校英语教学应该基于信息技术，改进教学评价体系，使教学评价更为多元化。本章就对教育信息化背景下高校英语教学评价的理论加以建构。

第一节　相关概念与理论基础解析

一、评价与测试、评估的区别

对于评价，很多人会联想到测试、评估，认为三者是同一概念。但是仔细分析，三者是存在一定的区别的。简单来说，测试为评价、评估提供依据，评估为评价提供依据，评价是对教学效果的综合评估。三者的关系如图 7-1 所示。

从图 7-1 中可知，评价与测试、评估关系非常密切，但是也不乏区别的存在。具体来说，可以从如下三点理解。

就目标而言，测试主要是为了满足教师、家长的需要，便于他们弄清楚自己学生/孩子的成绩。当今社会仍旧以测试为主，并且测试也为家长、教师、学生提供了很多信息。评估主要是为教师与学生提供依据，如学生在学习中遇到什么问题、学生学习的效果如何等，既便于教师提升自身的教学质量，也便于学生提升自身的学习效果。评价有助于行政部门对教学进行合理配置。显然，三者有着不同的作用。

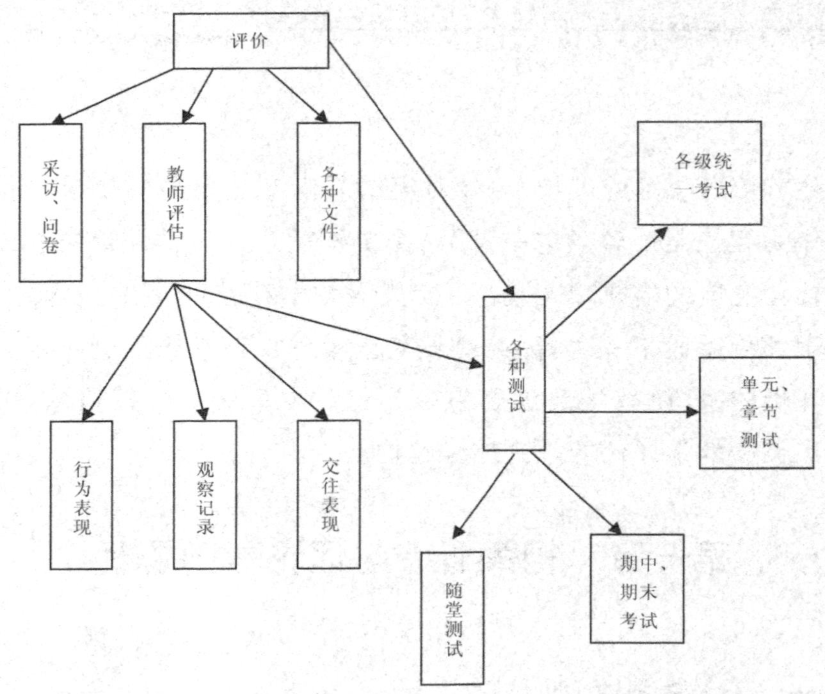

图 7-1　评价、评估与测试的关系

就数据信息而言，测试主要收集的是学生试卷的信息，也是学生语言水平的体现，但是试卷无法评估学生的语言运用能力。评估可以划分为终结性评估与形成性评估两类，终结性评估简单来说就是测试，而形成性评估主要是学生学习的过程。评价往往是从测试、问卷、访谈等多个层面总结而来，属于一种综合性评估。

二、高校英语教学评价的深层内涵

在当前的高校英语教学中，评价问题一直是一个瓶颈问题。自从2001年教学改革的推进，英语教学评价成为热点问题之一，很多教师开始接受新的评价观念，凸显评价的发展性功能，并从评价内容、评价标准、评价方法等多个层面对其展开探究。就整体而言，高校英语教学评价呈现以下几点趋势。

（一）英语形成性评价正被英语教师认识、接受并付诸实施

在当前的高校英语教学评价中，形成性评价占据重要地位，并在我国已经非常常见。受到应试教育等因素的影响，我国很多教师对于形成性评价的认识不到位。但是，随着英语教学的不断改革，形成性评价被很多教师认识，并被逐渐实施起来。

英语形成性评价分为测试型评价与非测试型评价两大类。很多高校开发了这两种形成性评价，从而关注学生的日常英语学习情况。当前，对于这两类评价，主要采用评价表、问卷、成长记录袋等多种形式。

（二）英语口语测试得到重视

在一些地区的英语考试中，已经增设了口语测试，更多的地区、学校已经把口语测试列为考试的一个重要内容。没有口试的英语测试是不完整的。《英语课程标准》对学生说的能力有明确的要求。既然有要求，就必然会有相应的检测。

英语口试命题要坚持同步性、交际性、趣味性和激励性的原则。这里激励性原则非常重要。口试与笔试不同，它的评分主观性、随意性较大，要想取得绝对准确的结果是很难的。因此，在高考、中考以外的口语测试中我们不要过分强调甄别性，而要突出激励性。这就是以鼓励学生运用英语为出发点，在一定行政区域内推行的口试不强求各校之间的成绩可比性；把测试学生口语能力与考查学生的学习态度及学习潜质结合起来，使学生对口试不望而生畏。通过口试调动学生的学习积极性是最大的收获，我们寻求的合理的、相对准确

的评分标准也会在这种和谐的气氛中得到认同。

(三)学业考试命题改革全面启动

自从高校英语课程改革以来,各地对于学业考试命题都非常重视。其主要呈现了如下几点走向。

第一,将纯知识的考试比例降低。

第二,注重语言运用能力的考查。

第三,强调考试题目与实际生活紧密关联。

第四,在设计试卷的时候体现人文关怀。

(四)课堂教学评价关注点发生变化

英语课堂教学过程是一个师生进步与发展的过程。在课堂教学评价中,过程与学生应该是两个关键词。而在传统的课堂教学评价中,人们对于教师的教过分关注,注重课堂知识是否传达,甚至通过考试成绩来评判教师的课堂教学效果。但是,在课程改革下,各地开始探寻新的评价标准,甚至出台了一些基本的方案,以推进课堂教学。一般来说,在新理念下,高校英语课程评价需要注意如下几个层面。

第一,高校英语教学目标需要与课程改革三维目标相符。

第二,高校英语教学方法的选择需要与学生的发展相符。

第三,高校英语教学中评价应该体现学生的主体性特点。

第四,高校英语课堂教学中是否应用了恰当的评价手段。

(五)英语教学管理的评价已经起步

目前,国内对英语教学管理的评价论述不多,但已经有不少英语教研员开始关注英语教学管理的评价问题。学校对英语教学的管理在很大程度上制约着学校英语教学水平的发展。多年来,我们只关注课堂教学评价、学业评价,而忽视了对管理者管理英语教学的方式、水平等进行评价，这是我们在讨论英语教学评价时必须面对的问题。这些年来，我们把英语教学管理评价作为英语教学评价的内容之一进行研究，并有所心得。这里所说的英语教学管理包括英语课程设置、英语校本教研、英语校本课程、英语教研组工作、英语模块教学等。例如，对英语校本课程的开设，就从课程开设的原则、开发类型与过程、课程特点及课程管理几方面进行评价。

三、高校英语教学评价的指标

（一）评价指标设计的原则

指标就是能反映评价目标某一本质属性的具体的可测的行为化的评价准则。对英语课堂教学的评价指标设计必须能反映外语教育目标的本质要求。高校英语课堂教学评价的指标设计应采取行为化测量法，即通过学生英语语言行为表现推测内在结构的思想方法。所有指标都是外显的行为，评价就是从外显行为推测其内部结构。这类评价指标设计应遵循以下几个原则。

（1）有效性原则：所设计的指标能反映目标的本质要求，目标的本质要求能在指标系统中找到。

（2）可测性原则：不能测量的不叫指标，可用经典量度。

（3）要素性原则：抓住主要因素就行，不需要面面俱到。

（二）教学评价的指标要素

1. 三定二中心

“三定”指教师根据材料的内容与特点，先定下本课的达标层次位置，再定各目标层次所用的时间，然后又根据课堂评价的内容再对本节课进行定性分析。定位、定量、定性主要解决教学设计的科学性问题。

“二中心”指的是创造以学生主体活动为中心的课堂和确定以培

养能力为中心的教学任务。“二中心”可真正实现“教适应学”,而过程又为学生提供了主体发展的时间和空间。

2. 知识再现

英语教学受考试题型的影响,选择题被大量地应用在日常的训练中,其弊端是仅仅提供了辨认正确答案的过程,只处于智慧技能的低级阶段,与现代英语教学目标相距甚远。因此,课堂训练一定要突破这个阶段,设计各类活动,让学生得以再现以往所学知识,并生成自己的语言运用于实践中,使学生获得信息编码的训练,达到长时记忆的目的。为此,过程教学要求教师尽量不要在日常的训练中采用选择题,否则学生只能获得低水平的训练,而要特设语境让学生组织自己的语言做事情。

3. 全员参与

公开课上,许多外语课堂活动设计精良,但遗憾的是活动面仅局限于小部分人。在一般的英语课堂上还有相当多的教师习惯于以个别提问为主的方式。教师的工作方式、公平态度、组织策略等都影响到学生学习状态,过程教学要求教师既要懂得活动设计,又要善于组织活动,如能采用两两对话、两两检查、小组讨论、小组编故事或对话、全班辩论、角色扮演、信息沟通(文字和图片)等活动方式,提升课堂效果特别明显,在5分钟内全班几十个学生同时受益。全员参与是组织课堂活动的重要策略。

4. 目标层次活动定位

各层次活动设计各有要求,设计与目标层次相适应的课堂活动体现了科学性。目标分层多指把一节课分为各目标层次,但也可把一篇课文的教学分成几个侧重的层次,即在定量时根据进度侧重某几个层次,绝不是一节课只一个层次,原则是每节课至少保证达到第三层次的要求,下节课则侧重第四层次。另外,也可采用一条主线串层次的策略。

5. 优化配置各类活动

外语课活动多，但在很多课堂上出现了活动多而乱，层次梯度不够或梯度不同的活动出现的顺序颠倒，这时合理配置就显得尤为重要。要做到合理配置必须遵循以下几项原则：活动层次梯度明显、梯度要符合认知规律和语言发展规律、全体学生都有机会参与、活动形式多样、及时根据反馈调整活动时间。

四、高校英语教学评价的意义

英语课堂教学评价不仅是质量检验员，起检测和监理作用，更是教育保健员，保证教学健康有序发展。就英语教学而言，由于外语教学是实践性很强的一门学科，对外语教与学的评价一般采取"行为化测量"，即通过外显行为推测内在结构的思维方法。英语课堂教学评价的作用必须有助于学生积极开口表达，真正提高英语语言运用能力。

（一）甄别英语课堂教学活动的质量

1. 语言知识与交际能力

交际能力包括如下几点。

（1）语言能力（语言形式结构系统本身的操作能力）。

（2）语篇能力（语言形式结构置于语篇中运用的能力）。

（3）语用能力（语言形式结构置于情境中运用的能力）。

明确交际能力的构成，我们对英语教学的终极目标的定位就准确了。语言的知识和结构是语言交际能力发展的基础，但绝不是终极目标，英语课堂教学应着眼于设计促进能力发展的教学活动。活动就是教师为学生设计能运用所学知识完成任务的情境，这就是英语教育要求的以培养语用能力为核心的价值所在。

2. 单纯语言练习与信息处理活动

如果把语言当作一套知识或是一套结构，学的、练的、考的就是操作形式结构的技能，语言练习仅孤立地操练只有意思而没有意义的句子、语法和词汇。如果把语言当作一种信息能力，是处理人与人交往信息的思维能力，是把知识和技能包容进去的综合体，就一定要把语言当作工具来练习，学的、练的、考的应是获取、选择、加工、传递、表达信息。信息处理活动强调对认知机能的调动，强调主动性、创造性，强调通过交际运用而学习，注意力不放在语言形式上，而是放在信息上，即放在如何达到交际目的上。

3. 以过程为重心

相对于以结果为重心而言，运用是一个过程，而不是一个结果，教学重心自然就应落在过程而非结果上了。为学生提供语言学习和运用的过程，在过程中既关注“学什么”，更关注“如何学”和“如何用”，即如何听、说、读、写。重视“如何”，而不仅是“什么”，则要求教师善于观察、提问、了解和分析的过程，并注意发挥活动之间的连接和关系的作用，即扩展、深入、发挥、引申、了结。

给学生读一篇课文，不只是为了学这篇课文是什么，更不只是为了学这篇课文的语言点、语法和词汇，而是为了学会如何读。不能泛泛地只给 Read the flowing text 的指令，而要给具体的要求，即预测大意、略读求取主要意思、寻求具体和隐含信息、揣摩观点和态度、联系经验理解意义、比较论点或信息、作认知的推论、综合、分析、判断、结论等。

以过程为重心，自然就会以学生为主体，为每一个孩子提供发展的空间和时间，教学高潮落在每一个孩子身上。

4. 做事教学

当前的英语课程倡导体验、实践、参与、合作与交流的“做中学”的任务型教学理念，将英语学习完全渗透在完成任务的活动中，展现“自信与思考、合作与交流、实践与创新”的课堂生命价值。尊重师生课堂生命价值恰恰是英语教学升华为英语教育的高要求。

任务型语言教学是诸多交际教学途径中的一种，它的理念是

“Learn a language by using it.”任务型语言教学思想仍然是在交际语言教学思想的理论框架之内，它是功能中的一个个需要完成的事情。学习者不仅可以通过完成各种任务发展交际的能力，而且能在用语言做事情的过程中，自然地把注意力放在信息交流上，而不只是放在语言形式上。

(二)提升课程建设能力

理性的英语教学评价能积极促进教师提高教学能力，特别是提升教学活动设计的能力。

1. 提高活动设计能力

课堂活动设计是教师有效解决理论付诸实践的载体，是教师驾驭课程的能力体现，这种能力能自觉关注学生的创新精神和实践能力的培养，有利于提升课堂教学境界。当前国内外教育改革业已聚焦下列两个观点：①教师事关重大；②改革最终发生在课堂上。

以课堂活动为载体的研究，是对这些观点的回应。机械训练还是感悟体验？告诉事实还是主动观察？怎样在“变式”训练中形成能力？怎样设计“铺垫”引导探究？以专业引领与行为跟进为关键的课堂活动设计对于有效解决理论向实践、向课堂的转移问题，的确是一种有价值的选择。

(1)设计原则。活动设计应遵循以下原则：以信息意义为焦点原则，活动层次与认知层次相匹配原则，活动面和活动频率原则，激活原则，交际原则，分享原则，发挥专长原则，统一和个别关注原则，激励后进原则，自主性、探究性、合作性原则，集体与个体反馈原则。

(2)任务分析与设计。在设计任务时，必须考虑语言知识的目标、语言能力目标、学生实际，把教材中的语言点与任务活动结合起来，以任务为核心计划教学步骤。设计的活动注重语言行为表现并能让学生体验成功。

(3)具体步骤。Presentation stage：创造情境，产生需要，介绍语言知识和形式，学生理解语言知识的意义。教师不仅要提供过程，还要示范。Practice stage：提供练习，组织语码，如造句、复述、模拟交际等。教师给予一定的帮助。Production stage：在具体情境中说或写，组织信息交流。教师给予很少帮助，直至完全让学生自由交际。

语言输出，是组织信息、加工信息、展示信息的过程，是语言运用的主要渠道。输入的目的是输出，只有打开通道，才能实现语言内化，只有运用，才能扩大积极词汇，才能提高语用能力，如图 7-2 所示。

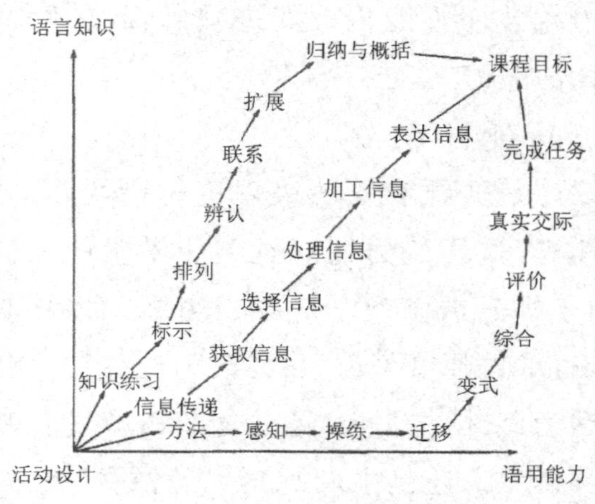

图 7-2　语言输出与语言运用

2. 促进语言教学目标达成

互联网背景下的“三维”目标赋予英语学科的价值是培养学生英语语言运用能力，把握住这个重点是目标达成的前提，也是目标达成的关键。

What to teach. ——课程标准—稳定

How to teach. ——教授方法—灵活

What to learn. ——课程资源—载体

How to learn. ——感悟内化—活动

目标达成的基本方法就是重交际，通过做各种与生活息息相关的活动来介绍和把握语言，学习就是获取信息、组织信息、利用信息、创造信息、传递信息、展示信息。不仅重视学习结果，更看重学习过程，既看练习层次，又看目标的升华。目标达成要追求知识学习向能力发展的恰当路径，课堂教学活动设计是载体，而所有活动又以突出互动性、主动性、创造性、信息化、民主化、情感化为支持。

3. 加强语言技能训练

语言技能训练以教师的课堂角色转变为重要前提，而教师教学行为的转变又以学生学习方式的转变为逻辑起点。一词一句地讲解和一句一句地分析剥夺了学生读的机会。一定要给学生提供机会、保证条件、创造环境，为学生提供感悟、操练、产出、实践、交流、合作的过程。给学生当交际助手和为学生配交际助手，对学生学习起指导和负责作用，是教师在语言技能训练中应把握的策略。

第二节　教育信息化背景下高校英语教学评价体系的构建

一、教育信息化背景下高校英语教学评价体系构建的意义

作为一种教育评价手段，网络评价是运用互联网对学生的知识能力以及教师的教学质量与目标展开评价，这样的评价具有导向性，其属于评价体系中的一种方式，也是一种创新的评价手段。

随着互联网技术的进步与发展，利用互联网展开教学评价已经成为评价体系的重要部分，其不仅是信息技术教育体系中的一项重要内容，也是现代教育评价体系中的一个重要方面。

基于互联网的环境，教师、学生以及其他管理人员可以在不同地点出现，并呈现出一种松散型的组织结构。如果采用常见的方式，显然难度大、成本也较高，也无法收集到有效的信息，这就要求采用一种全新的收集方式，对学生的信息进行收集，以弥补传统评价方法的不足，以与当前的教学发展相适应，这就是所谓的网络评价。网络评

价通过其自身广泛的传播性、交互性，以及数据收集的方便性，参与到了当前的大学英语教学中。

网络评价体系具有整体性的特点，其对教学内容、教学目标的整体性展开评价，而并不是将教学目标进行划分。在进行网络评价中，评价主体可以通过网络获取自己的学习效果。

同时，网络评价也具有主体性，其强调一种自我价值的判断，这显然在传统的评价手段中是不存在的。考试强调的是客观评价，但是网络评价更多体现的是一种自律手段，是从被动评价转向主动评价的过程。网络评价可以将学生的兴趣与潜能激发出来，从而不断提高学生的素质。

此外，网络评价也具有能动性，网络评价创造出的不是一种单一的评价手段，其评价的主体、客体以及网络环境构成了评价框架，共同将主体的能动性激发出来，使网络评价成为一种能够创造、激发的手段与工具。

网络评价体系不仅评价的是网络课程的各个环节，其优势还在于从各种实际情况出发，对各种阶段、各方面的信息加以收集，展开形成性评价、终结性评价，对同类系统中信息收集不充分的加以弥补，随着系统不断完善，应用性能不断提高，其应用范围也在不断扩大。

二、教育信息化背景下高校英语教学评价体系构建的原则

(一)发展性原则

1. 用发展的观点看待学生

树立符合学生认知规律的“发展观”。从受教育者的认知发展规律出发，用发展的观点看待学生，用发展的观点衡量和要求学生，所有的教育教学活动都是为了学生的健康发展。

用发展的观点对待每一个孩子，就必须关注学生的进步，研究学生心理。我们一定要承认学习外语的个体差异，在外语学习上连性

别都有差别，作为外语教师决不能把这些正常的现象当作智商问题，应该认识到这主要是情商的问题。那么，我们应该态度好一点，多一点笑容，多一分宽容，特别是对待学习暂时有困难的学生，不埋怨，不让其在骂声中成长，要让他们在学习活动中有安全感和成就感。放松心理是刺激语言发展的关键，了解这些，教师找到对策是不难的。

2. 关注学生心理的发展

教学是心理活动和心理发展统一的过程，教学群体的社会活动是个体心理活动，又是心理活动和心理发展统一的过程。苏联心理学家鲁宾斯坦认为人在活动中形成精神发展，人的能力在完成自己的活动中被发展着。活动使主体与客体、主观与客观、内部与外部相互作用、相互转化，学生的知识、能力、情感、思维方式等不是由教师赠送的，而是学生靠自己的活动、自己的劳动获得的。

3. 强调学生课堂表达行为

围绕每个单元的教学内容确定学生的课堂行为，以学生学习行为的充分表达作为教师教学行为转变的逻辑起点，“行为结构”旨在为学生学习提供从知识到技能形成的“过程”。我们开展的一系列教学质效评估活动重在评估学生的课堂作为，促进其转变学习方式。倡导以技能训练为目的的“教学行为结构”恰好为学生提供了语言表达的平台。

(二)人本性原则

树立以学生为主体，以“学”为中心的“主体观”。学生是教育教学的主体，而且是具有能动性的主体，学生在学习过程中是信息加工的主体，只有抓住“学”这个中心，才能完成“教是为了学”“学会是为了会学”的转化过程。

树立符合社会发展需要的“人才观”。培养符合社会发展需求的合格人才是教育的根本目的。应树立符合社会发展需要，符合学生个性发展，并使二者形成最佳结合的人才观。个性一词，是指个人独特的性格和行为品质的总和。从研究个性的角度来探寻学生英语学习方式的变革是推进英语教育质量适应多元化社会发展的根本出路。从促进学生学习方式的变革中闯出英语教学的新路子是面对未来主动、系统的回应。发展和完善人的个性已成为全球性的教育追求,倡导"以人为本"的英语教育更突出了新时代教育个性化的特点。素质教育的内涵之一是非均衡地发展,一味地追求每个人素质均衡发展不仅违背教育规律,而且也不可能有效地促进学生健康成长,更不可能培养出有个性、有创造力、多样化的人才。我们的教育必须尊重个性的存在,英语教育的特殊性决定了促进英语学习方式的变革必须顺应个性发展的特点。

1.创设"需要"的环境

突出工具性就要创设需要用语言做事情的环境,让学生在使用语言的环境中感到需要掌握哪些词汇和语言结构才能完成任务。需要产生动机,有需要就会主动。教师在语言教学中应有意设置一定程度的障碍,如要完成某个功能,我还需要什么?如何获得?让学生把学习每一个语言内容都看成是为了某种表达和展示的需要,一旦突破障碍,获得成功,便其乐无穷。

语言学习的需要与个性品质、人格品质都有很大关系。应根据不同学习者的潜质给予不同需要的感悟,设置不同的障碍,提供不同的舞台,特别在学生语言活动中给予个性化的指导和关怀。把需要与学生主体性发展结合起来是教师教学水平发展的一个较高境界。

2.捕捉良好的学习状态

学生学习英语时,对语言材料的理解反映了个体的综合素质。不同的学生有不同的理解,不可能只有唯一的标准,个性化的语言表达特点尤为明显。为此,在课堂上,要捕捉和保持学生良好的学习状态必须从关注个体开始,教师一定要利用各种反馈来确定学生个体的状况,并调整好自己的教学。但反馈值必须由反馈面和反馈质来确定,不能只以几个优生的回答来确定,也不能以低质量的检测来确定。

3. 统一之中的个别指导

学生群体中的智力差异并不大，这给统一要求奠定了基础，但智能类型却能直接影响个体的发展。在大班教学的现实中，教师面临的问题就是统一要求和个别指导的矛盾。分层教学力图解决这一问题，但仅以学业成绩来分层次是否科学却是一个问题，如能研究学生属于哪种智能类型；在语言学习中，某种类型适合从什么方面找到最佳切入点；或可以从哪些方面让该种类型的人最易获得成功感，这样可能会找到治本的出路。在统一之中给予不同个性的个别关注和指导，在语言实践中让每个人有事做，都有获得成功的机会，特别是对自信心不足的人，教师应给予独特的关怀，把成功的体验让给这些孩子。可能教师会辛苦一些，但消除厌学心理，使每个孩子都得到发展是教师的成功。

4. 公平对待每一名学生

英语课上常常可以发现，许多课堂活动设计精良，但遗憾的是活动面仅局限于小部分人。在英语课堂上还有相当多的教师习惯以个别提问为主的方式，举手的优秀学生可能获得多次机会，不举手的恰恰是有困难的，而他们可能就没有机会。即便是小组活动，个性不同的学生获得的机会时间也不同。这时教师的组织非常重要，教师的工作方式、公平态度、组织策略等都影响到学生的学习状态。

公平就要求教师既要懂得活动设计，又要善于组织活动，如采用两两对话、两两检查、小组讨论、小组编故事或对话、全班辩论、角色扮演、信息沟通（文字和图片）等活动方式，提升课堂效果特别明显，在有限时间内全班几十个学生同时受益。这种形式互动面大，再加上高频率就能为每一个孩子提供学习语言的环境，教师在学生活动中如再针对不同个性的学生，充分发挥其作用，效果就更好。

（三）多元化原则

评价的多样性包括评价主体的多元化、评价方式的多元化、评价内容的多元化、学生的多元化与学习出口的统一化。

1. 评价主体的多元化

采用内部评价与外部评价相结合的方式，评价主体主要是学校、教师、学生、家长，同时也包括教育行政部门及其相关机构。按照评价主体构成，教育行政部门对学校英语课程实施进行评价，学校对授课教师教学情况进行评价，教师对学生学习情况进行评价。对学生的评价重点放在学生的自我的纵向比较上，把学生的学习态度和进步作为评价的主要标准，真正体现“以生为本”的评价理念。

2. 评价方式的多样化

总结性评价和过程性评价是现在普遍采用的方式，需要指出的是这两种方法应结合起来使用。终结性评价不能只看考试分数，必须由过去单一的考试成绩评价改为多元评价，即参考学生学习表现、作业情况、课堂行为表达、课外活动参与情况、个性发展等多种因素进行综合评价。评价方式的多样化还可以更加开放，除了纸笔、等级的评价方式，学生可以采取各种自己喜欢的形式反映自己的学习成果。

3. 评价内容的多元化

对学生外语听、说、读、写技能的评价，是仅在课堂还是可以更宽泛？这的确是新时期英语教育工作者不能回避的新问题。中国英语教育多年追求的一种社会氛围已经形成。过去大学英语专业的学生才能看到的原版电影，现在可任意欣赏，广播、报纸、戏剧、各类英语活动渗透到社会生活的方方面面。而我们今天的教学单一化已经适应不了社会的发展，也脱离了学生生活实际，形成了极不相称的反差。如果说英语教学不能只停留在教知识、记结构、背单词的低级阶段，那么，教学评价是否也要改革，以适应社会发展的要求。社会越进步，越迫使我们改进方法，追求新的变革可能是中学外语教学评价必须思考的新问题。

4. 学生的多元化与学习出口的统一化

学生的多元化是指学习能力、学习风格、思维品质、发展水平、经验积累等方面的差异，就学习外语而言，学生的多元化还表现在家庭背景和文化背景的差异、社会经济差异、方言差异等方面。这些差异对学习英语的影响在学生身上一定会产生不同的反映，而我们的英语教学的唯一出口表现形式就是考试，鲜活的语言在考试中变异，富有个性的语言在考试中变成了统一的试题。为了追求更为有效的教学效果，英语教师必须了解学生存在差异的表现形式，并将这些因素纳入教学评价的考虑范畴。

（四）科学性原则

1. 语言测试

测试评价是中学英语课堂教学的重要手段，也是学校英语教学质量监控的有效的必不可少的教学环节。而英语语言测试评价又最体现科学性。现在英语测试的水平比以前有很大的提高，主要表现在知识立意向能力立意转变的本质内涵得到了充分表达。试题以“信息或意义”的表达为测试目的，测试以语篇层次为侧重，试题的情境对语言的制约来自交际情境，答题的过程是学生在不同情境中与自然、环境、人物等不同角色互动的对话过程，考核的焦点在于是否达到交际目的。外语测试对学生获取信息、选择信息、加工信息、创造信息、表达信息、传递信息的能力的展示提供了有效载体。

(1)外语考试考什么

一般人似乎认为课本里讲什么就应该教什么，也就应该考什么。测试对语言知识是重视的，但它看中的是会不会在具体的语境下灵活运用语言知识，重视在真实的情境中考查英语语用能力，通过语篇考查听、说(间接口语)、读、写的技能，通过语言运用考核语言交际能力和最普通的交际行为。

考查语篇能力贯穿在整个测试中，考听力是在对话和短文中进行的，阅读与完形填空的考核是以短文的形式出现的，写作考查学生的分析、综合、评价的高级技能，考查学生的阅读理解能力，考查对语篇的结构分析能力，整体把握篇章的思想脉搏、主旨大意，单项填空也是两句或三句构成的一个语境或情境。高考如此，中考也是如此。

(2)情境提供语言运用的载体

情境决定要表达的意思，要表达的意思决定要说的话的形式，从“交际情境”确定“要表达的意思”再到选择“要用的语言形式”，这就是实际运用语言的正常心理过程。听、说、读、写的每一个行为，都以接受、加工、传递信息为目的，这是情境带来的自然制约，是真正的语言“运用”。

而课堂上“造句”的心理过程就完全不同。学生先想着 study 这个词，然后再想一个可以出现这个词的句子。学生从“要用的语言形式”确定“要表达的意思”，由于是人为地“外加制约”，在脱离“交际情境”的情况下，写出来的句子即使语法不错，但心理过程完全违反了实际运用语言的心理过程。这种缺乏交际情境的练习还不能说是“运用”。传统的从语言形式出发的试题，根据要考的词汇和语法去设计试题。很多试题是命题人先决定要用的形式，然后由形式决定要表达的意思，至于交际情境有没有无所谓。这种造句式考试的心理过程完全违反了实际运用语言的心理过程。

2. 教案设计

(1)备课重点

评价的科学性原则要求教案设计必须以设计学生语言操练的活动为主。落实“三维目标”的第一环节就是备课。在日常的外语教学过程中，许多英语课未达到课程标准和教材设计的要求，主要问题是学生语言行为表达不充分，语言运用能力不强。造成这种现象的主要原因是：教师重自己的“教”轻学生的“学”，重“内容目标”轻“行为目标”，重“知识目标”轻“技能目标”，从时间比例分配、学生训练面与频率、操练到交际的练习层次上都无法达到课程标准的要求。按照“英语教学行为结构”指引，可以使备课从教师过分注重自己的“教”转变为自觉关注学生如何“学”，这就是备课的重点。

(2)设计活动

英国心理学家 Caleb Gattegno 曾说过：“Tell me and I forget. Teach me and I remember. Involve me and I learn.”一堂成功的外语

课就是要看教师是否让学生置身于运用语言环境中去。“教学行为结构”要求教师准备一池水，并把每个学生“拉下水”。让学生在语言表达活动中学习，“用语言做事情”是语言交际的真谛所在。

(3)教学反思的参照

按照以上的备课规划和活动设计，课堂教学反思有了明确的科学参照。教学反思是教师与互联网教学共同成长的有效途径，实现理性的自我评价是质量监控体系的重要内容。反思主要是看是否促进了学生积极主动地发展。在互联网背景下，课堂教学反思主要从以下几方面的转变来衡量教学。

①从关注内容目标到关注行为目标。

②从看教师如何说到看学生如何做。

③从教教材到用教材。

④从关注优秀生到关注全体同学。

⑤形式从个别提问到交际互动、小组讨论、两两对话相结合。

⑥从关注互动频率到关注互动面。

第三节　教育信息化背景下高校英语教学评价方法的创新

一、自主评价

(一)要结合具体任务

自我评价要结合具体的任务进行，如针对听力、口语、阅读、写作方面的某一具体任务的完成情况来进行自我评价。比如，在写作课教学中，为了让学生进行循序渐进的训练，教师可以让学生进行controlled writing。具体实施步骤为让学生用某章的重点词组来造句，慢慢发展成一段文章(充分发挥自己的想象力)，互批造句(利用批改符号)，把错句加以改正，给自己一个评价。这样做的目的是提高学生用英语思维、活用单词、短语、句型的能力，为进一步写作打下良好的基础。此项活动每周可以进行一次。教师指导学生对第一稿进行自评、他评、修改，即可以得到一篇比较好的短文。这么一个自我评价的过程下来，使学生短文写作能力得到一定的提升。当然，作文中存在着些许错误，可让学生讨论并改正，这也是自我评价的一种形式。当找出错误后，教师应有针对性地进行评解，纠正错误。几乎每单元都可以采用这种方法。活动结束后，学生可以根据互批和教师批改进行自我反思和评价，把自身存在的知识缺陷及时弥补，达到成句、成篇的写作目的。

（二）要制订反思内容

反思内容最好以表格形式呈现，并且要结合具体的任务来设计。可采用自我反思表的形式，如表 7-1 所示。

表 7-1　关于听力的自我反思表

学生姓名________	填表日期________
本人认真回顾了从____月____日到____月____日早自习时间的听力情况， 我共听了____次，我的收获不少。	
1. 在听力习惯和能力方面，我的进步主要体现在：	
2. 我觉得取得以上进步的原因主要是：	
3. 在听力过程中，我还有需要改进或克服的问题 （听的习惯、语音、语调、句型、非智力因素等）：	
4. 老师、同学或家长的建议：	
5. 我想说的话：	

（三）给自己打分

学生对自己应该有个评价，可以用优、良、中、差进行等级评价。当然，也可以考虑按照一定比例进入终结性评价，只是这不是教师个人所能决定的，需要全校教师、学生、家长的综合参与和民主讨论后做出决定。

在教与学的过程中，学生不仅是被评价的对象，而且是评价的参与者。自我客观评价可以提高学生学习的主动性和积极性，促进学生对自己学习进行反思，并帮助学生掌握评估技术，增加教师的评估信息。这一点是确信无疑的。难的是教师在教学实践中如何实施学生的自我评价。有效地让学生进行自我评价，实际上完善了教师的评价工作。而完善的内容比起让教师来做，学生的自我评价能更加有效地促进学生的学业发展。

二、成长记录评价

要实行学生学业成绩与成长记录相结合的综合评价方式，一些教师感到困惑的是在操作中所出现的问题。例如，在英语教学中该如何建立和使用成长记录？使用的效果怎样？成长记录，是根据教育教学目标，有意识地将学生的相关作品及其他有关证据收集起来，通过合理的分析与解释，反映学生在学习与发展过程中的优势与不足，反映学生在达到目标过程中付出的努力与进步，并通过学生的自我反思激励学生取得更高的成就的一种记录方式。成长记录的基本成分是学生作品．学生作品的收集是有目的的，教师要重视学生在成长记录创建和使用过程中的参与，尤其是学生的自主评价和反思。

（一）成长记录的建立

成长记录作为一种典型的质性评价方式，主要用于教师的课堂评价实践。英语学科的成长记录可以按照听、说、读、写分门别类，根据教学需要来设计。阅读和写作是英语学习过程中最需要量的积累和结构训练的。下面以写作为例，如表 7-2 所述。

表 7-2　写作成长记录

Name：____	Class：	Date：	The number of compositions：________per week			
Types of writing(√)	Practical	Narration	Argumentation	Exposition	Graphicform	Sentence-making
Approaches to solving						
The problems						
Teacher's comment						
Classmates' comment						
Self comment						

(二)成长记录的运用

1. 每名学生都要有记录

每名学生都需要有成长记录。不过不同学生应建立符合自己特点的成长记录,关注其英语薄弱面的学习过程,随时发现问题解决问题。建立成长记录可以按照知识模块,也可以按照内容专题,由教师和学生根据学习内容的特点来确定。

2. 成长记录电子化

成长记录需要搜集大量的文本资料和非文本资料。利用先进的设备(扫描仪等)把本来属于非文本的材料电子化、图像化,使查询、展示和反馈更方便,还可以节约大量的空间。一名学生一个电子文件夹,方便快捷。

3. 成长记录与学业成绩相结合

成长记录合理使用,能提高学业成绩。学生在学习过程中,如态度积极,对于教师的指导认真对待,能自主查漏补缺,有切实可行的学习计划和措施，并且对于学业中所出现的问题及时纠正，会有明显的进步。成长记录与学业成绩的结合主要体现在学分认定过程中。也就是说，学分认定要包括“纸笔测验＋平时作业＋课堂表现＋成长记录”。教师要关注学生的过程性学习，关注他们的每一次作业、每一篇作文、每一次测验，关注他们的每一点进步，给他们一个公平的学分。成长记录是对学生学习情况的有目的的收集，它能展示学生在一个或多个领域的努力、进步和成果。学生成长记录是评估学习努力程度、进步程度、学习过程及结果的依据，也是学生对自己学习过程反思的见证。在成长记录的创建与使用中，学生自我评价和自我反思是最重要的环节。

值得注意的是，建立学生成长记录需要师生双方长期的不懈坚持和努力，尤其是起始阶段，需要教师的引导和督促。也就是说，教师需要有意识地提醒学生明确搜集材料的目的，定期进行成长记录的更新，展开学生之间的交流，甚至争取家长的支持，以便相互借鉴、共同提高。相信随着时间的推移，成长记录会成为教与学的珍贵的第一手资料。

参考文献

[1]郭向宇.教育信息化背景下高校大学英语教学改革模式[M].延吉:延吉大学出版社,2020.

[2]刘方方,岳宝华,禹琳琳.教育信息化背景下高校英语教学理论体系的建构与探索[M].北京:中国书籍出版社.

[3]战德臣.MOOC+SPOCs+翻转课堂:大学教育教学改革新模式[M].北京:高等教育出版社,2018.

[4]郑茗元,汪莹.网络环境与大学英语课程的整合化教学模式概论[M].北京:中国水利水电出版社,2015.

[5]张慧.信息化背景下大学英语教学与创新思维研究[M].北京:中国纺织出版社有限公司,2022.

[6]杨公建.英语教学与第二语言学习[M].长春:吉林人民出版社,2019.

[7]苏超华.新时代大学英语智慧教学论[M].长春:吉林人民出版社,2019.

[8]张献.大学英语教学理论及实践应用[M].武汉:中国地质大学出版社,2020.

[9]王凤玲.信息化背景下大学英语教学的变革与探索[M].长春:吉林出版集团股份有限公司,2021.

[10]耿芸.解析网络微课与大学英语教学的结合[J].湖南科技学院学报,2019,40(12):94-95.

[11]李谦.教育信息化与大学英语教学改革研究[M].南京:江苏凤凰美术出版社,2019.

[12]吴白兰.信息化背景下大学英语教学研究与实践[M].北京:北京工业大学出版社,2021.

[13]康洁平.信息化背景下高校英语混合式教学模式探索与应用

[M].北京:中国书籍出版社,2020.

[14]潘英慧,李红梅.基于微课的大学英语教学模式分析与研究[M].长春:吉林科学技术出版社,2020.

[15]王丹.英语阅读教学理论与实践[M].北京:知识产权出版社,2018.